Uni-Taschenbücher 1876

UTB
FÜR WISSEN
SCHAFT

Eine Arbeitsgemeinschaft der Verlage

Wilhelm Fink Verlag München
Gustav Fischer Verlag Jena und Stuttgart
A. Francke Verlag Tübingen und Basel
Paul Haupt Verlag Bern · Stuttgart · Wien
Hüthig Fachverlage Heidelberg
Leske Verlag + Budrich GmbH Opladen
Lucius & Lucius Verlagsgesellschaft Stuttgart
Mohr Siebeck Tübingen
Quelle & Meyer Verlag · Wiesbaden
Ernst Reinhardt Verlag München und Basel
Schäffer-Poeschel Verlag · Stuttgart
Ferdinand Schöningh Verlag Paderborn · München · Wien · Zürich
Eugen Ulmer Verlag Stuttgart
Vandenhoeck & Ruprecht in Göttingen und Zürich

Helga Gripp-Hagelstange

Niklas Luhmann

Eine erkenntnistheoretische Einführung

Wilhelm Fink Verlag · München

Die Deutsche Bibliothek – CIP-Einheitsaufnahme

Gripp-Hagelstange, Helga:
Niklas Luhmann: eine erkenntnistheoretische Einführung /
Helga Gripp-Hagelstange. – 2., verb. Aufl. – München: Fink, 1997
(UTB für Wissenschaft: Uni-Taschenbücher; 1876)
ISBN 3-8252-1876-7 (UTB)
ISBN 3-7705-3060-8 (Fink)

2., verbesserte Auflage 1997

Ohmstraße 5, 80802 München
ISBN 3–7705–3060–8

Printed in Germany.
Einbandgestaltung: Alfred Krugmann, Freiberg am Neckar
Herstellung: Ferdinand Schöningh GmbH, Paderborn

UTB-Bestellnummer: ISBN 3–8252–1876–7

"Wer sich dem Paradoxen aussetzt,
setzt sich der Wirklichkeit aus."
(Dürrenmatt)

Für Helmut Jarosch

im fernen Takenotzuka

Inhaltsverzeichnis

Einleitung

Ein Gespenst geht um - in Deutschland und anderswo. Sein Gewand läßt, wie es sich für ein Gespenst gehört, seine eigentliche Gestalt nur schwer bis gar nicht erkennen. Seine Auftritte entbehren der Bodenhaftung. Die Beobachter (!) dieser Erscheinung geben ihm verschiedene Namen: Selbstreferentialität, Autopoiesis, Konstruktivismus oder gar Radikaler Konstruktivismus. Seine ersten Auftritte verlegte das Gespenst in die Wissenschaften: Kybernetik, Biologie, Sozialwissenschaften. Da sich Gespenster bekanntlich überall Zugang zu verschaffen wissen, treibt unsere Erscheinung der zweiten Dimension ihr (Un-)Wesen mittlerweile auch in den Redaktionsstuben der Feuilletons gehobener Tages- und Wochenzeitungen. Besonders wagemutige Redakteure, die den ihrem Schaffen zukommenden Auftrag, heiße Eisen furchtlos anzupacken, ernstnehmen, bemühen sich, das Gespenst salon- bzw., modisch gefaßt, kommunikationsfähig zu machen. Der fortgeschrittene Intellektuelle denkt nicht mehr, sondern er "beobachtet", denn das ist die Botschaft des Gespenstes: Denken ist 'out', Beobachten ist 'in'. Dies mag den aufmerksamen Leser spezifischer wissenschaftlicher und feuilletonistischer Texte verwirren, aber da muß er, um es lebensweltlich zu sagen, eben durch. Verkraften muß er auch, daß der Begriff Kontingenz zu einem ausgesprochen beliebten Schlagwort desjenigen Berufsstandes geworden ist, dessen Aufgabe es ist, uns mit den Neuigkeiten der Welt zu versorgen und sie für uns gleichsam mundgerecht aufzubereiten. Läßt sich nun der Begriff Kontingenz im Zweifelsfalle im Duden auf seine Bedeutung hin nachschlagen, so gibt der Duden bezogen auf den Begriff Beobachten keine Auskunft. Warum auch? Schließlich weiß jeder, was Beobachten meint. Da aber irrt der Duden, und damit sind wir bei Niklas Luhmann und dem Thema dieses Buches angelangt.

Gemeint ist mit dem, was hier als Gespenst verortet wurde, ein neues erkenntnistheoretisches Paradigma. Im Rahmen der Sozialwissenschaften ist Niklas Luhmann der herausragendste Vertreter und Weiterdenker dessen, was unter dem Signet 'Radikaler Konstruktivismus' firmiert. Kernaussage des Konstruktivismus ist: Alles vorgeblich Erkannte, einschließlich der Vorstellung, daß es ein Subjekt gäbe, das der Welt in erkennender Attitüde gegenüberstehe, ist eine selbstbezüglich zustande gekommene Konstruktion, die als das Ergebnis eines Operierens des Gehirns verstanden werden muß, das gegenüber dem Außen, was die Operationsebene anbetrifft, als vollkommen abgeschlossen zu gelten hat. Unter dem Titel "Soziale Systeme" - zu beachten ist, daß der Titel *nicht* lautet '*Theorie* der sozialen Systeme' - hat Luhmann im Jahre 1985 sein erstes diesbezügliches opus magnum vorgelegt. Unzählige weitere, kleinere, größere und große Arbeiten sind gefolgt, in denen der 1985 vorgestellte Ansatz von ihm erläutert und auch modifiziert wird. Daß die Luhmannschen Bemühungen, sein eigenes Denken zu explizieren, nur bedingt fruchtbar waren, ist der Materie, um die es geht, einerseits und seiner eigenwilligen Sprache andererseits sowie einem meiner Einschätzung nach gewissen Desinteresse Luhmanns, sich allgemeinverständlich zu machen, geschuldet. Was den zuletzt genannten Punkt anbetrifft, so gibt es mittlerweile Arbeiten von Kollegen, die versuchen, in das Denken Luhmanns einzuführen.[1]

---

[1] Genannt seien hier: Peter Fuchs: Niklas Luhmann - beobachtet, Opladen 1992; Gabor Kiss: Grundzüge und Entwicklung der Luhmannschen Systemtheorie, Stuttgart 1986; Georg Kneer/Armin Nassehi: Niklas Luhmanns Theorie sozialer Systeme. Eine Einführung, Paderborn 1993; Walter Reese-Schäfer, Luhmann zur Einführung, Hamburg 1992

Aus einer dieser Arbeiten möchte ich zitieren. Peter Fuchs beschreibt in "Niklas Luhmann - beobachtet" seine Erfahrungen bei dem Versuch, eine Einführung in das Werk Luhmanns zu schreiben, folgendermaßen: "Ich produzierte wochenlang nichts als Makulatur... Schließlich - nachdem ich ausgekostet hatte, was die Mystiker geistige Ödnis nannten - verfiel ich darauf, daß eine Theorie, in deren Zentrum der Begriff 'Kommunikation' steht, vielleicht am besten in einer Art Simulation von Kommunikation durchgespielt werden könnte: als Konstruktion von Kommunikation über Systemtheorie." (S.8) Die "Konstruktion", die Fuchs dann präsentiert, hat die Gestalt eines Theaterstücks, in dem die beteiligten Personen mit verteilten Rollen dasjenige, worüber sie sprechen, zugleich hinterfragen und sich am eigenen Verhalten zu verdeutlichen versuchen. Ich halte diesen Versuch immanent für ausgesprochen gelungen - aber eben nur immanent. Damit meine ich: Eine Theorie, die zirkulär aufgebaut ist, die die Tautologie und letztlich Paradoxie der Selbstreferentialität nicht auflösen, sondern "in Gebrauch nehmen" will, entzieht sich im Grunde einer linearen Darstellung. Insofern ist das Verfahren von Fuchs der Theorie Luhmanns absolut angemessen. Dem steht allerdings gegenüber, daß der über Luhmanns Denken Aufklärung erwartende Leser, um das Vorgehen von Peter Fuchs einerseits und den Inhalt seines Buches andererseits wirklich verstehen zu können, im Kern bereits begriffen haben muß, warum zirkuläres Denken, modisch ausgedrückt, 'angesagt' ist, und warum er seinen 'normalen' Denkgewohnheiten, tendenziell zumindest, abschwören soll; warum er, anders ausgedrückt, die Theorie Luhmanns beispielsweise nicht als Theorie, sondern selbst als soziales System, also als etwas, wovon die Theorie selbst handelt, auffassen soll. Der Aporie zu begegnen, daß etwas verstanden werden soll, das ohne Vorverständnis nicht zu verstehen ist, dieses Vorverständnis aber im Grunde nur herzustellen ist, wenn das Eigentliche bereits verstanden ist, das ist die problematische Aufgabe, der sich derjenige zu stellen hat, der zu dem Denken Luhmanns hinführen möchte. Die Frage zudem ist, wie ein 'neues' Denken in einem 'alten' Denkschema und in einer 'alten' Sprache erklärbar ist?

Die vorliegende Abhandlung versucht die zuletzt genannte Frage, die im letzten eine nach der Quadratur des Kreises ist, zumindest ernstzunehmen. Das hat Auswirkungen auf den Text. Der Leser wird nämlich mit der Tatsache konfrontiert sein, daß dieses Ernstnehmen von ihm Zugeständnisse erfordert bezogen auf das sonst überlicherweise zu erwartende Maß an Stringenz der Argumentation. In mehreren Anläufen wird im folgenden versucht, das zu Behandelnde gleichsam stufenförmig immer tiefer zu durchdringen. Die einzelnen Etappen des Weges, der im folgenden zurückzulegen ist, sind durch die folgenden Schwerpunktsetzungen charakterisiert: Niklas Luhmann geht es um die Revidierung des von ihm als "alteuropäisch" klassifizierten ontologischen Denkens. Eine Verständigung darüber herzustellen, was unter ontologischem Denken zu verstehen ist bzw. welche Implikate in es eingelassen sind, schien mir deshalb als Einstieg sinnvoll zu sein. Abschnitt II der Arbeit setzt sich dann mit den eigentlichen Konstruktionselementen der Theorie selbstreferentieller Systeme auseinander. Zentrale Begriffe, die Luhmann aus den "cognitive sciences", die sich mit der biologischen Natur des Erkennens befassen, übernimmt, werden vorgestellt und erläutert. Ziel dieses Abschnittes ist es, zum einen zu verdeutlichen, wie Luhmann sein Diktum, am Anfang sei Differenz und nicht etwa Identität, erkenntnistheoretisch begründet. Zum anderen gilt es im Vorgriff auf das dann folgende Kapitel zu verstehen, daß und warum Luhmann das Phänomen Sinn subjektlos konzipiert, nämlich als eine spezifische Form der Unterscheidung, die dazu dient, Weltkomplexität bearbeitbar zu machen. Weil und insofern Luhmann die Produktion von Sinn nicht länger der Potenz des Subjekts zurechnet, kann er das Theorem vertreten, daß sinnhafte Reduktion von Weltkomplexität auch via Kommunikation, und zwar eigendynamisch, stattfinden kann, womit ein wesentlicher Schritt auf dem Weg der Entmachtung des Subjekts als Konstrukteur von Gesellschaft zurückgelegt ist. Um eben diese theoretische Entmachtung des Subjekts kreisen dann in zentraler Weise die Überlegungen des dritten Abschnitts der Arbeit. Thema ist die für Luhmann-Anfänger erstaunliche Annahme, daß für den Aufbau von Gesellschaft Kommunikation und nicht der Mensch als eigentlicher Initiator zu gelten hat. Letzterer erhält bezogen auf die eigendynamisch prozessierend gedachten sozialen Systeme nur noch den Status von Umwelt. Hat man das Denken Luhmanns bis zu diesem Punkt nachvollziehen können, dann steht dem Rezipienten das "schwierigste Problem einer Theorie dieses Typus" (Luhmann) noch bevor. Kurz und prägnant formuliert lautet es: "Beobachten ist eine paradoxe Operation". Über die Implikate der Aussage nachzudenken, daß es gelte, das "Paradox als Letztformel" zu akzeptieren, ist die Zielsetzung, die im vorletzten Abschnitt der Arbeit verfolgt wird. Im Schlußkapitel schließlich wird versucht, einige zentrale Aspekte des zuvor erkenntnistheoretisch Erarbeiteten von der lichten Höhe der Abstraktion auf die konkretere Ebene des Alltagslebens zu transferieren. Die Frage, die zu stellen sein wird, lautet: Welche Relevanz kommt der von Niklas Luhmann propagierten Verabschiedung des alteuropäischen Denkens für unser Alltagsleben zu.

Daß das Werk Luhmanns in dieser Arbeit primär aus einem erkenntnistheoretischen Blickwinkel betrachtet wird, resultiert aus der Überzeugung, daß alle Analyseergebnisse der Gesellschaftstheorie Luhmanns nur dann adäquat nachvollzogen werden können, wenn man seine erkenntnistheoretische Ausgangsbasis verstanden hat. Ist man dieser Auffassung und versucht man von dieser Seite her einen Einstieg in sein Werk zu finden, dann kann man auf wenig Unterstützung von Luhmann selbst hoffen. Er setzt offenbar voraus, daß der Leser die von ihm im Fußnotenapparat reichlich genannten Grundlagenautoren schon selbst zu Rate ziehen werde, um Verständnisschwierigkeiten auszuräumen. Reicht das Interesse und die Zeit des geschätzten Lesers dann tatsächlich aus, um dies zu tun, sieht er sich mit Arbeiten von Biologen und Mathematikern konfrontiert, die nun ihrerseits sich durchaus nicht aus dem Stand erschließen lassen. Kurzum, das Denken Luhmanns zu entschlüsseln, kann ein langwieriger Prozeß sein. Diesen Prozeß für potentielle Luhmann-Leser zu verkürzen, ohne daß der Leser auf Tiefenauslotung zu verzichten hat, dies ist das Anliegen der vorliegenden Arbeit.

I. Vom "alteuropäischen" zum "neueuropäischen" Denken

"Alteuropäisch" ist ein von Niklas Luhmann gerne und häufig verwendeter Begriff. Er gebraucht ihn immer dann, wenn zum Ausdruck gebracht werden soll, daß eine spezifische Sichtweise hoffnungslos veraltet und passé ist. Hoffnungslos veraltet, wenn auch - nach Luhmann leider - noch nicht passé, ist dasjenige Denken, das er ontologisches Denken nennt.[2] Ontologie soll dabei für Luhmann heißen, "daß ein Beobachter mit der Unterscheidung Sein/Nichtsein operiert und mit Hilfe dieser Unterscheidung das bezeichnet, was er für relevant, für anschlußfähig, kurz: für 'seiend' hält." (SA 5, 228)

Wenn wir an dieser Stelle erst einmal vernachlässigen, daß mit den Termini "Beobachter" und "Unterscheidung" zwei für die Theorie Luhmanns höchst signifikante Begriffe bzw. Annahmen thematisiert sind, auf die ausführlich einzugehen sein wird, und uns allein auf die inhaltliche Aussage konzentrieren, dann ist mit diesem Zitat die seit Parmenides explizite Frage, was wir eigentlich meinen, wenn wir 'ist' sagen und damit die Dinge in unserer Welt als existierend verorten, angesprochen. Für Luhmann haben die Lösungen, die in der abendländischen Denktradition für dieses Problem gefunden worden sind, höchstens noch historische Bedeutung, und die von ihm gestellte Frage: "...müssen wir in der modernen Gesellschaft am Ende dieses Jahrhunderts so denken?" (vgl. SA 5, 229) ist rein rhetorischer Natur. Wir müssen nicht nur, sondern wir dürfen nach Luhmann - zumindest im Rahmen von Theoriekonstruktionen - nicht länger so denken, wollen wir

[2] Vgl. dazu u.a.: Luhmann, N. Identität - Was oder wie? in: Ders: Soziologische Aufklärung 5 (SA 5), S. 14ff. Ders.: Das Erkenntnisprogramm des Konstruktivismus und die unbekannt bleibende Realität, in: Ders.: a.a.O.,S.31ff. Ders.: Ich sehe was, was Du nicht siehst, in: Ders.; a.a.O.,S.228ff.

uns den Problemen der Gesellschaften unserer Zeit angemessen stellen. Was aber hat man sich unter ontologischem Denken im eigentlichen Sinne vorzustellen?

1. Zum Was-Fragen des ontologischen Denkens

Das ontologische Denken steht, dies gilt es als erstes festzuhalten, am Anfang der abendländischen Kultur. Sein allgemeinstes Merkmal war und ist, einfach ausgedrückt: Das Seiende wird als eine Ganzheit verstanden, die aus einer unendlichen Vielzahl von empirischen Dingen, denen jeweils unterschiedliche Eigenschaften und Wirkweisen zukommen, zusammengesetzt gedacht ist. Diesen physisch realen Dingen, so die weitere Annahme, eignet ein ontologischer Kern, also ein Wesenskern, der diese verschiedenen Eigenschaften und Wirkweisen gleichsam vom Innersten her zusammenhält. Auf diese Vorstellung eines Wesenskerns bezieht sich, erst einmal ganz allgemein verstanden, dann auch der Begriff Identität. Er besagt: Es gibt etwas, welches das Phänomen zu dem macht, was es ist; was es identifizierbar macht als dieses oder jenes. Zur ontologischen Denkgeste gehört deshalb konstitutiv die Struktur der Was-Frage; also Fragen im Sinne von: Was ist der Mensch für ein Wesen, was oder wer ist Gott etc? Seine formale Fassung erhält das ontologische Identitätskonzept in der aristotelischen Logik.

Das Seiende als eine Ganzheit zu verstehen, impliziert für das klassische Denken, daß in ihm Subjektivität noch nicht als selbständige, gedankenproduzierende Entität konzipiert ist, sondern als ein Teil des Gesamtseienden, ausgestattet mit einer besonderen Fähigkeit: der Fähigkeit, das Seiende auf das Sein hin auszulegen. Organon dieser Fähigkeit ist der in die Sprache eingelassen gedachte Logos. Die Beziehung zwischen Sprache und Logos, und damit die zwischen Denken und Logos zu klären, ist deshalb diejenige Herausforderung, der sich das Denken zu Beginn unserer Kultur zu stellen hat. Die Art und Weise, in der Aristoteles diese Problematik bearbeitet, muß von den Folgen her gesehen als prägend auch noch für unser heutiges Verständnis von Welt angesehen werden. Im folgenden soll, der von Gotthard Günther vorgelegten Interpretation folgend, geklärt werden, was die konstitutiven Merkmale dieser Prägung sind.[3]

Alles Denken ist, so Gotthard Günther, durch die "urphänomenale Situation" des 'ich denke etwas' gekennzeichnet. Soll die Beziehung zwischen Denken und Logos reflektiert werden, dann gilt es, und dies realisiert nach Günther auch schon das klassische Denken, die Beziehung zwischen dem 'ich denke' einerseits und dem 'etwas' andererseits zu klären. Insofern eine Klärung dieser Beziehung vor dem Hintergrund der Vorannahme stattzufinden hat, daß Bewußtsein im klassischen Denken im Sinne eines Teilhabens am Sein verstanden ist, kommt dem Tatbestand, daß das Denken durch Spontaneität, Beweglichkeit, Widersprüchlichkeit charakterisiert ist, eine für die Erklärung konstitutive Bedeutung zu. Denn wie kann dem 'Etwas' in dem 'ich denke etwas' der Status des 'ist' - im letzten Sinne: der Status eines Wesenskerns - zukommen, wenn das 'ich denke' so ein unsicherer Kantonist ist? Die Lösung, die das klassische Denken für dieses Problem findet, geht in die folgende Richtung: Das 'Etwas', also das Sein, wird gleichsam in Kontrast zu der Beweglichkeit des 'ich denke' konzipiert - nämlich als ein ewig Beharrendes, unverändert in seiner Identität Ruhendes, kantisch gesprochen: als Ding an

[3] Vgl. Gotthard Günther: Beiträge zur Grundlegung einer operationsfähigen Dialektik, Bd. 1, Hamburg 1976; Ders.: Das Problem einer transklassischen Logik, in: Sprache im technischen Zeitalter, Heft 16, 1965. Vgl. zum Folgenden auch: Gripp, H.: Theodor W. Adorno - Erkenntnisdimensionen negativer Dialektik, Paderborn/München/Zürich 1986.

sich. Eben diese Annahme axiomatisiert dann der erste Satz der Logik, der Satz der Identität. Er bestimmt das letzte Woraufhin des Denkens, das 'Etwas' in der urphänomenalen Situation des 'ich denke etwas', als ein Fürsichseiendes, als ein Identisches. Das zweite Axiom, der Satz vom Widerspruch, bezieht sich dann auf den Umgang mit diesem Woraufhin des Denkens. Alles Denken ist bekanntlich zweiwertig. Daraus folgt, daß das 'Etwas' prinzipiell sowohl positiv als auch negativ im Denken erscheinen kann. Das zweite Axiom der Logik, der Satz vom Widerspruch, schiebt dem nun gleichsam einen Riegel vor. Es besagt, daß aufgrund der ursprünglich zweiwertigen Eigenschaft des Denkens von allem Sein, wenn es denkbar sein soll, "strikt verlangt werden muß, daß es einander entgegengesetzte Bestimmungen nicht in identischer Hinsicht in sich vereint haben kann." (Günther 1976, 9) Auch das dritte Axiom der klassischen Formallogik, der Satz vom ausgeschlossenen Dritten, bezieht sich auf die Beziehung zwischen dem Bewußtsein und dessen metaphysischen Grund. Es beantwortet die Frage, ob das Denken nun in seiner positiven oder in seiner negativen Wertqualität mit dem Sein identisch sei. Die Aussage ist, "daß es grundsätzlich gleichgültig sei, ob man das Denken als Positivität oder als Negation mit dem Sein identisch setze, solange man nur streng daran festhält, daß eine 'dritte' Möglichkeit angesichts dieser absoluten Alternative kompromißlos ausgeschlossen sei." (Günther a.a.O., 10) Im 'Tertium non datur' ist demzufolge ausgesagt, daß das absolute (positive) Sein und die totale Negation des Bewußtseins im eigentlichen Sinne dasselbe sind. Sie bilden zusammen "den systematisch geschlossenen Inbegriff aller theoretischen Bewußtseinsbestimmungen, wobei es vollkommen gleichgültig ist, welches Begriffsmoment im einzelnen als positiv (ausschließend) und welches als negativ (ausgeschlossen) zu bewerten ist, sofern nur die systematische Geschlossenheit dieses korrelativen Gegenverhältnisses nirgends durch ein 'Drittes' (logisches Qualitätsprinzip) unterbrochen wird." (Günther, a.a.O., 11)

Was die formale Fassung der ontologischen Identitätskonzeption in der aristotelischen Logik also charakterisiert, ist die folgende Annahme: Alle Aussagen beziehen sich im letzten auf ein Identisches. Dieses Identische trägt bei Aristoteles den Namen Substanz, in der späteren Philosophiegeschichte dann Namen wie absolutes Subjekt oder transzendentales Ich. Mögen sich die Konzeptionen hinsichtlich desjenigen, das der Erkenntnis einen letzten Halt zu geben vermag, auch ändern, entscheidend ist zweierlei: Zum einen ist, da Subjektivität in diesen Konzeptionen, wie unterschiedlich auch immer konzipiert, als extramundan verortet gedacht ist, die logische Allgemeingültigkeit des Erkenntnisprozesses gewährleistet. Zum anderen, und aus ersterem folgend, ist im Rahmen dieser Denkgeste die Identität alles Seienden immer schon vorausgesetzt. Die Logik hat es dann, so Gotthard Günther, aufgrund der transzendenten Verankerung allen Bewußtseins, nur noch mit dem Bereich einer daseienden Objektivität zu tun. Sie ist, wie Günther schreibt, "der Formalismus dessen, was *ist*." (Günther 1965, 1291)

Als Formalismus dessen, was ist, macht das tertium non datur der Logik durchaus Sinn. Es reicht dann aus, nur zwei logische Werte zur Verfügung zu haben. Wenn etwas ist, was es ist, dann genügt es, einen "Designations-" und einen "Reflexionswert" (Günther) zu haben; also einen Wert zur Bestimmung des Soseins und einen zur Kontrolle dieser Bestimmung - eines dritten Wertes bedarf es nicht. Das Nichtsein wird, um auf die für den Beginn des ontologischen Denkens entscheidende Denkfigur von Sein/Nichtsein zurückzukommen, in dieser Konzeption als reine Reflexionskategorie verstanden und derart aus dem Seienden, wenn man so sagen darf, hinauskatapultiert. An dieser Denkgeste, es gibt ein Sein und kein Nichtsein, ändern auch die im weiteren Verlauf der

Philosophiegeschichte vorgenommenen Neuinterpretationen der urphänomenalen Situation 'ich denke etwas' nicht. Auch die Denkfigur 'Subjekt denkt Objekt' unterliegt, in den Worten Luhmanns ausgedrückt, den metaontologischen Regeln des Formgebrauchs der ontologischen Beobachtungsweise (vgl. SA 5, 17). Denn auch für sie gilt, "daß die Identität des Seienden vorausgesetzt werden muß." (a.a.O., 19) Sie 'muß' vorausgesetzt werden, weil andernfalls der zweiwertige logische Formalismus gleichsam technisch nicht ausreichend ist. "Diese Voraussetzung", so Luhmann, "muß die moderne Gesellschaft aufgeben." (a.a.O., 20)

Wenn man nun fragt, warum diese Denkfigur aufgegeben werden muß, dann gibt es dafür insbesondere zwei Gründe. Zum einen ist in der Moderne Subjektivität nicht länger als transzendent verortet denkbar. Müssen aber die Subjekte jeweils als autonom in Bezug auf ihre Identitäts-/Sinnproduktionen angesehen werden, dann folgt daraus, daß der logische Formalismus nicht einfach zwischen Subjekt und Objekt, also zwischen transzendent verorteter und damit in seiner Allgemeingültigkeit gewährleisteter Subjektivität einerseits und einer daseienden Objektivität andererseits, zu unterscheiden hat, "er muß vielmehr die Distribution der Subjekte in eine Vielzahl von Ichzentren in Betracht ziehen. Das aber bedeutet, daß das zweiwertige Verhältnis von Subjekt und Objekt sich in einer Vielzahl von ontologischen Stellen abspielt, die nicht miteinander zur Deckung gebracht werden können." (Günther 1965, 1301)[4] Zum anderen muß berücksichtigt werden, daß die vielen "Ichzentren" die Welt nicht nur aus verschiedenen

---

[4] Im Original ist der letzte Satz des hier Zitierten kursiv gesetzt. Weiter heißt es dann: "Jedes Einzelsubjekt begreift die Welt mit derselben Logik, aber es begreift sie von einer anderen Stelle im Sein. Die Folge davon ist: insofern als alle Subjekte die gleiche Logik benutzen, sind ihre Resultate gleich, insofern aber als die Anwendung von unterschiedlichen ontologischen Stellen her geschieht, sind ihre Resultate verschieden." (Günther 1965,1301)

Positionen heraus begreifen, sondern daß sie darüber hinaus auch eine für sie alle verbindliche Objektivität schaffen. Diese geht nicht in den vielen verschiedenen einzelnen Konstruktionen auf, sondern sie muß als ein emergentes Produkt angesehen werden. Um diese komplexe Situation denkerisch adäquat verorten zu können, bedarf es, so Günther, einer "trans-klassischen mehrwertigen Logik", die als "ein Stellenwert-System der klassischen Logik" zu begreifen wäre (vgl. Günther a.a.O., 1301).

Diesen Vorschlag greift Luhmann nicht auf. Luhmann teilt mit Gotthard Günther, auf den er an diesbezüglichen relevanten Stellen immer wieder verweist, das Problembewußtsein hinsichtlich der Grenzen, welche dem Denken seitens der zweiwertigen Logik gesetzt sind; die Lösung des Problems sucht Luhmann dann allerdings über ein anderes Vorgehen zu erreichen. Dieses andere Vorgehen trägt den Namen differenztheoretisches Denken.

2. Von der "Welt der Natur" zur "Welt der Unwahrscheinlichkeiten"

Gotthard Günther dechiffriert, wie wir verfolgt haben, die zweiwertige Logik als Formalismus dessen, was *ist*, und verweist auf die Probleme, die entstehen, wenn in der Moderne Subjektivität nicht länger als transzendent verortet gedacht werden kann. Die Lösung, die er anvisiert: eine mehrwertige trans-klassische Logik, verbleibt allerdings, in der Terminologie Luhmanns ausgedrückt, dem Alteuropäischen verhaftet, da in ihr das traditionelle Subjekt/Objekt-Schema im Prinzip unangetastet bleibt. Niklas Luhmann demgegenüber zieht aus den beschriebenen Begrenzungen der Logik radikalere Folgerungen. Für ihn gilt es, das Subjekt/Objekt-Schema als erkenntnistheoretische Grundorientierung insgesamt zu überwinden und zu begreifen, "daß das Subjekt selbst ein bloßes Artefakt der Technik binär schematisierten Beobachtens gewesen ist ...." (1987b, 44f)

Wie kommt Luhmann zu dieser ungleich radikaleren Auffassung hinsichtlich der Notwendigkeit einer Neuorientierung des Denkens? Bevor diese Frage in einem engeren Sinne zu beantworten versucht wird, soll aufgezeigt werden, daß Luhmann mit seiner Problematisierung des Subjekt/Objekt-Schemas an Erfahrungen der modernen Naturwissenschaften anschließt, die ihrerseits nahelegen, die traditionelle 'Subjekt denkt Objekt' Geste zu hinterfragen. Vergewissern wir uns - zumindest rudimentär - dieser Erfahrungen.[5]

Ein ganz entscheidendes Moment naturwissenschaftlicher Erkenntnis, von dem die Theorie Luhmanns geprägt wird, ist das aus dem Komplementaritätstheorem resultierende veränderte Verständnis hinsichtlich der Letztnatur des physikalischen Seienden. Die Quantenphysik hat die traditionelle Annahme, daß es gleichsam letzte fixe Bausteine geben müsse, auf der die Natur basiere, und die der Verstand bzw. das Experiment 'objektiv' zu messen in der Lage sein müsse, bekanntlich gegenstandslos werden lassen.[6] In der Heisenbergschen Unschärferelation ist diese neue Sichtweise der Natur zusammengefaßt. Seit Heisenberg gilt: Zwei physikalische Größen wie Ort und Impuls eines Teilchens können konstitutiv nicht gleichzeitig genau gemessen werden, da im atomaren Bereich durch die Messung eines Phänomens immer zugleich eine Veränderung des gemessenen Phänomens bewirkt wird.

[5] vgl. zum Folgenden: Helga Gripp-Hagelstange: Niklas Luhmann- Oder: Was ist ein differenztheoretischer Ansatz?, in: Duisburger Beiträge zur Soziologie, Nr. 4, 1989

[6] Vgl. Werner Heisenberg: Physik und Philosophie; Frankfurt a.M./Berlin/ Wien 1959.

Will man z.B. den Ort eines Teilchens beobachten, wird der Impuls unscharf; will man den Impuls beobachten, wird der Ort unbestimmbar: Ort und Impuls sind komplementär. Aus dieser Erfahrung sind zwei Einsichten zu entnehmen. Erstens: *Was* man sieht, hängt davon ab, *wie* man hinsieht; woraus folgt: Die Natur verschließt sich im letzten einer objektiven Beobachtung.[7] Zweitens: Bei den sogenannten Letztelementen handelt es sich ganz offensichtlich nicht um wie auch immer zu denkende Substantialitäten, sondern um energetische Prozesse. Für diese energetischen Prozesse gibt es Gesetzmäßigkeiten, deren Natur läßt sich aber nicht der Struktur der Logik subsummieren. "Die kleinsten Teile der Materie sind", wie Heisenberg schreibt, "nicht existierende Dinge", vielmehr muß das Elementarteilchen als "eine Möglichkeit oder eine Tendenz zum Sein" verstanden werden" (vgl. Heisenberg 1959, 51). Für die denkende Erfassung dieser "Tendenz zum Sein" aber gilt, so Picht: "jeder Versuch, die Diastase zwischen Logik und Sein zu überbrücken, (muß) scheitern. Sie ist unaufhebbar, und die Frage ist nur, welche Konsequenzen aus dieser Feststellung gezogen werden müssen." (Picht 1981, 11f)[8]

---

[7] Auf die Zumutung, die in dieser Erfahrung für das erkennende Subjekt enthalten ist, hat Einstein bekanntlich mit der Ablehnung reagiert: Der liebe Gott würfele nicht.

[8] An einer anderen Stelle des zitierten Aufsatzes heißt es bezogen auf den Zusammenhang von Sein und Logik: "Solange das metaphysische Dogma galt, das Universum sei ein geschlossenes System, also ebenfalls dem Prinzip der Identität unterworfen, konnte man - hypothetisch - voraussetzen, durch dieses System sei die Übereinstimmung der Gesetze der Logik mit den Gesetzen der Natur verbürgt. Von Aussagen, die den Gesetzen der Logik gehorchen, konnte zugleich behauptet werden, daß sie mit Sachverhalten in der Natur übereinstimmen, denn die Bedingung für diese Behauptung wurde durch die metaphysische Lehre garantiert, daß ein und dasselbe Prinzip, das Prinzip der Identität, sowohl der Natur wie dem Denken zugrundeliegt. ... In diese 'heile Welt' der Metaphysik, an der die exakten Wissenschaften trotz ihrer Emanzipation von der Philosophie festhalten, bricht die einfache Überlegung ein, daß alles, was uns in der Natur begegnet - Phänomene, Prozesse, Zustände und Strukturen - nur darum in ihr 'vorkommen' kann, weil es

Daß ein Phänomen, das mit der begrifflichen Konstruktion "Tendenz zum Sein" zu beschreiben versucht wird, die Möglichkeiten einer theoretischen Verortung im traditionellen logischen Denkrahmen übersteigt, das haben die Naturwissenschaftler auch in der Nachfolge von Heisenberg immer wieder betont. Für die "Welt der Unwahrscheinlichkeiten", um eine Formulierung Luhmanns zu verwenden, die die "Welt der Natur" gleichsam aus den Angeln gehoben hat, muß das Prinzip Identität endgültig seine metaphysische Begründungsfunktion verlieren. Ist alles, was uns in der Natur begegnet, seiner letzten Natur nach ein "Zusammenstand" (Picht) von genuin zeitlich zu verstehenden Prozessen, wobei Zeit ihre Seinsweise ausschließlich in der *Differenz* von Vergangenheit, Gegenwart und Zukunft hat (vgl. oben Anmerkung 8), dann ist nicht Identität das letzte Moment, das zu unterstellen ist, sondern für die theoretische Verortung gewinnen Begriffe wie Emergenz, Selbstorganisation und Selbstreferentialität konstitutive Bedeutung. Noch einmal anders formuliert: Ist - auf der fundamentalsten Ebene unserer derzeitigen Erfahrungsmöglichkeiten - gar kein 'IST', sondern ist alles, was als seiend erscheint, der "Zusammenstand" eines differentiellen Geschehens, für das Selbstorganisation und Selbstreferentialität konstitutiv sind, dann kann der logische Schematismus, der, wie im vorangestellten Abschnitt behandelt, als Formalismus dessen, was *ist*, vestanden werden muß, nicht die alleinige ad-

---

in der Zeit ist. Zeit ist jedoch nicht jenes homogene Kontinuum, als das sie vorgestellt wird, wenn man sie in der Gestalt eines linearen Parameters 'einführt'. Der lineare Parameter ist vielmehr, wie sich aus der Geschichte dieses 'Bildes' der Zeit nachweisen läßt, eine Projektion: er ist eine Produktion des Prinzips der Identität. Tatsächlich begegnet uns jedoch Zeit, auch in der Erfahrung der Naturwissenschaften, stets in der *Differenz* (Herv. H. G.-H.) ihrer Modi: Vergangenheit, Gegenwart, Zukunft. Zukunft ist aber ein Feld offener Möglichkeiten. Wenn nun jeder 'Zusammenstand' also jedes geordnete Gefüge in der Natur, ein Gefüge in der Zeit ist, so muß die Trias der Modi der Zeit sich in dem Bau dieser Gefüge manifestieren". (Picht 1981, S. 11f.)

äquate theoretische Verortungsmöglichkeit darstellen. Welche anderen Möglichkeiten aber haben wir bzw. welche anderen Möglichkeiten sieht Niklas Luhmann?

Erinnern wir uns: Schon Gotthard Günther hat auf die Begrenzungen, die dem Denken durch die zweiwertige Logik gesetzt werden, hingewiesen. Seinen Vorschlag, letztere durch eine transklassische mehrwertige Logik zu ergänzen, greift Luhmann, wie wir gesehen haben, nicht auf, so sehr er der diesbezüglichen Problembeschreibung Günthers folgt. Wir können jetzt die Gründe für diese Haltung Luhmanns nachzeichnen. Für Luhmann beinhaltet der Übergang von der "Welt der Natur" zur "Welt der Unwahrscheinlichkeiten" vor allem eins: In diesem neuen Verständnis von Welt wird der Begriff Selbstreferenz "zu einer Seinsbeschreibung schlechthin" generalisiert, die - und dies ist zentral - "zugleich Bedingungen der Beobachtbarkeit fixiert" (vgl. 1987, 45). Mit der Generalisierung des Begriffs Selbstreferenz zu einem Begriff der Seinsbeschreibung schlechthin sind deshalb zugleich die Bedingungen der Beobachtbarkeit, alteuropäisch: die Bedingungen der Möglichkeit von Erkennen, in, wie man hinzufügen kann, neuer Weise festgeschrieben, weil diese neue Weltsicht den Status des Subjekts in der traditionellen Denkgeste 'Subjekt denkt Objekt' tangiert - und dies nicht nur ephemer - sondern fundamental. Um dies zu verstehen, muß man sich klarmachen, daß die erkenntnistheoretische Grundfigur 'Subjekt denkt Objekt' von der Annahme gleichsam 'lebt', daß die Natur, also das Objekt, dem Subjekt, als das ganz Andere des Objekts verstanden, *vorgegeben* ist. Mehr noch: Gerade in dieser Andersartigkeit, die zwischen Subjekt und Objekt als bestehend gedacht war - nur dem Subjekt wird die Fähigkeit zur Selbstreferentialität zugestanden -, fußt im traditionellen Denken letztlich die Bedingung der Möglichkeit von Erkenntnis überhaupt. Wenn nun das Objekt, die Natur, nicht länger in der Weise, wie traditionell konzipiert, dem Subjekt als *vorgegeben* zu denken ist, wenn vielmehr in der Denkgeste 'Subjekt denkt Objekt' selbstreferentielle Operationen die Seinsweisen *beider* Seiten konstituieren, dann wird der traditionelle Status dieser Denkfigur als fundamentale erkenntnistheoretische Ausgangsposition aller Theoriebildung fragwürdig. Dann kann bzw. muß die ungelöste Frage, die die Philosophie nicht nur in ihrer Gestalt als Erkenntnistheorie sondern schon als Ontologie in Atem gehalten hat: wie die in dieser Denkgeste zu unterstellende Andersartigkeit bzw. das zu unterstellende Ausgezeichnetsein des Subjekts zu erklären ist, neu angegangen werden. Noch einmal anders formuliert: Die paradoxale Situation, daß das Subjekt, das doch auch nur Natur ist, gleichwohl aber der traditionellen Konzeption zufolge mehr zu sein hat und deshalb die Natur gleichsam wie von außen betrachten können soll - diese Situation kann und muß jetzt neu bedacht werden. Dieses neue Bedenken führt bei Luhmann zur Rezeption eines neuen Theorietypus, in dem die angesprochene Paradoxalität der erkenntnistheoretischen Ausgangssituation zwar, wie wir sehen werden, nicht eliminiert, aber auf einer konstitutiv neuen Ebene einer Bearbeitung zugeführt wird. Konstitutiv für diesen neuen Theorietypus, der Theorie selbstreferentieller Systeme, ist, daß in ihm bzw. in ihr das traditionelle Verständnis der Beziehung zwischen Subjekt und Objekt insofern überwunden wird, als die in die traditionelle Vorstellung eingehenden beiden Pole, der Begriff des Subjekts einerseits und der des Objekts andererseits, zugunsten des Begriffs Selbstreferentialität ersetzt werden. Dies ist das eine. Das andere ist: In diesem neuen Theorietypus wird die in dieser neuen Weltsicht artikulierte Temporalisierung des Elementbegriffs fundamental ernstgenommen. Denn konstitutives Moment einer Theorie selbstreferentieller Systeme ist die Grundannahme, daß *alles*, was es gibt (einschließlich ihrer selbst), nur über Selbstreferentialität zustande kommen kann; also dadurch zustande kommt, "daß die Systeme in der Konstitution ihrer Elemente und ihrer elementaren Operationen auf sich selbst Bezug nehmen."(SS, 25) Unter System ist demnach in der Theorie selbstreferentieller Systeme verstanden: Vernetzung von selbstreferentiellen Operationen, die kontinuierlich aneinander anschließen müssen, soll das 'Sein' des Systems gewährleistet sein. Das Sein des Systems ist also gleichsam sein Tun, wie in Anlehnung an Maturana und Varela formuliert werden könnte.[9]

Die Theorie selbstreferentieller Systeme kann, so gesehen, als ein Versuch verstanden werden, das neue Verständnis von Letztelement aus der Physik in ihrem Theoriedesign zum Tragen zu bringen. Insofern die Theorie selbstreferentieller Systeme - dies gilt es zu betonen - auf einer radikalen Verzeitlichung des Elementbegriffs basiert, transferiert sie die Erfahrungen der Physik, daß nicht *daseiende* Objektivität das letzte ist, von dem wir ausgehen können, sondern vielmehr Prozeß, Selbstorganisation, Selbstreferentialität, an entscheidender Stelle in ihr design. Für die Theorie selbstreferentieller Systeme kann es dann auch das Subjekt im traditionellen Sinne nicht länger geben. Denn ist *alles*, was *ist*, kontinuierlich aneinander anschließendes selbstreferentielles Operieren, dann kann auch von keinem vorgegebenen Subjektverständnis mehr ausgegangen werden. Das, was als Subjekt in der traditionellen Theorietradition gedacht war, wird in der Theorie Luhmanns durch "ein empirisch beobachtbares, operativ geschlossenes, selbstreferentielles System ersetzt..." (Luhmann 1991c, 73)

Wenn oben die Frage gestellt wurde, welche Möglichkeiten Luhmann sieht, die neue Weltsicht in seiner Theorie zum Tragen kommen zu lassen, dann gibt die Theorie selbstreferentieller Systeme die entsprechende Antwort. Selbstreferentielle

---

[9] Vgl. H. R. Maturana/F.J. Varela,: Der Baum der Erkenntnis, Bern-München-Wien 1987, S.56

Theorien haben, um dies noch einmal zu betonen, keine Gegenstände als zu erkennende *vorgegeben*; sie haben auch keinen fixen Ausgangspunkt, von dem sie ausgehen könnten. Alles, was sie 'haben', das sind selbstreferentielle Verhältnisse - und zu diesen selbstreferentiellen Verhältnissen gehören auch sie selbst. Ist das so, dann kann es für sie auch keine unhinterfragbaren erkenntnistheoretischen Voraussetzungen geben. Der Blickwinkel der Theorie (die "Leitdifferenz") muß gewählt werden, und es hängt von der gewählten Leitdifferenz ab, wieviel oder wie wenig ins Blickfeld des Systems, sprich: der Theorie, kommen kann. Luhmann wählt für seine Theorie bekanntlich die Unterscheidung System/Umwelt. Das ist, so Luhmann "eine sehr wichtige, stark einschränkende Ausgangsstellung. Danach befaßt sich die Systemtheorie nicht einfach mit besonderen Objekten, nämlich Systemen, im Unterschied zu irgendwelchen anderen Objekten. Sie befaßt sich mit der Welt, gesehen mit Hilfe einer spezifischen Differenz, nämlich der von System und Umwelt. Es wird also alles, was vorkommt, erfaßt; aber nur unter der Bedingung, daß man angibt, ob es jeweils System ist oder Umwelt.... Es handelt sich um eine Welttheorie, die nichts, was es gibt, ausläßt, zugleich aber um die Anwendung einer ganz bestimmten Unterscheidung (im Unterschied zu unendlich vielen anderen Unterscheidungen), die dazu zwingt, jeweils genau anzugeben, von welcher Systemreferenz man ausgeht und was, von einem bestimmten System aus gesehen, dessen Umwelt ist". (Luhmann 1988a, 292f)

Das 'neueuropäische' Denken, so könnte man die hier angestellten Überlegungen zu Niklas Luhmann zusammenfassen, artikuliert sich also in einem neuen Theorietypus. Für diesen neuen Theorietypus ist eine neue Sichtweise der Erkenntnissituation konstitutiv. Alltagsweltlich - und unausgesprochen selbst in den Wissenschaften - ist unter Erkennen im allgemeinen das Erfassen von etwas verstanden, das schon vor dem

Akt des Erkennens und außerhalb des Erkennenden als existent gedacht ist. Es handelt sich bei dieser Sichtweise offenbar um ein tiefes, intuitives Erfassen der Welt im Sinne eines Abbildens des Außen im Innen. Die Frage, wie das Außen ins Innen kommt, hat deshalb schon früh die Philosophie beschäftigt. So lange, wie zu Beginn des abendländischen Denkens, noch von der Einheit alles Seienden ausgegangen wird, der Mensch also als konstitutiver Teil des Ganzen, das den Kosmos ausmacht, verstanden ist, liegt die in dieser Denkgeste implizierte Paradoxie noch offen zutage: Der Mensch und sein Erkennen muß von der übrigen Welt getrennt, das Subjekt, als Teil des Ganzen, muß zugleich innerhalb und außerhalb des Ganzen gedacht werden. Die Antworten, die auf die aus dieser Problemsituation resultierenden Fragen gefunden wurden, sind unterschiedlich. Bei Platon bespielsweise bringt der Mensch aus seinem Vorleben, also von außerhalb, ein Wissen mit, das ihn in den Stand setzt, sich der Erkenntnis desjenigen, dessen Teil er ist, gleichsam wie von außen anzunähern. Der Erkennende wird gleichsam zum anderen von dem, dessen Teil er ist, durch eine Erfahrung, die er gemacht hat, bevor er Teil des Ganzen wurde. Bei Aristoteles tritt der Verstand als das Spezifische, das das Andere des Menschen ausmacht, bereits stärker in den Vordergrund. Auch er sieht selbstverständlich das Problem der Paradoxie. Die Regeln der Logik stellen seinen Versuch dar, die Paradoxie zu entschärfen. Immer stärker wird in der Folgezeit die Trennung von Geist und Materie, von Intellekt und Gegenstand zum Gegenstand der Reflexion. Thomas von Aquin löst das Problem, das Getrennte wieder zusammenzubringen, beispielsweise derart, daß er zwar einerseits von der Verschiedenheit von Geist und Materie ausgeht, andererseits aber Entsprechungspunkte zwischen Verstand und Gegenstand annimmt, über die, obschon alles Erkennen prinzipiell eine Sache des Verstandes ist, innen und außen zusammenkommen können.

Die prominenteste Antwort auf die Frage nach den Bedingungen der Möglichkeit von Erkenntnis hat dann bekanntlich Kant gegeben. Sie lautet: Außen und Innen kommen, im emphatischen Sinne verstanden, überhaupt nicht zusammen. Denn wir selbst sind es, die das Objekt der Erkenntnis, indem wir sensorische Aktivitäten verbinden, als Objekt allererst konstituieren. Über die Ordnungskategorien Raum und Zeit bringen wir diese derart konstituierten Objekte in Beziehung zueinander. Der Gegenstand, das Objekt, ist folglich ein Konstrukt des Subjekts, das das Subjekt in eine Realität, die es jenseits seiner Erlebniswelt vermutet, gleichsam hineinprojiziert.

Kant gibt mit dieser Konstruktion der zuvor angesprochenen Paradoxie der Erkenntnis eine, für die Moderne richtungsweisende Gestalt - gelöst aber wird sie nicht. Zum einen stellt das Konstrukt "transzendentales Ich" im Grunde eine Aporie dar. Denn das, was erklärt werden soll, die Bedingungen der Möglichkeiten des empirischen Ichs, einen erkennenden Bezug zur Welt außerhalb seiner selbst herstellen zu können, wird gerade nicht erklärt, sondern als a priori und damit unerklärbar ausgewiesen. Zum anderen endet das, was bei Kant übrig bleibt, die bloße, unergründliche Zirkularität der Selbstreflexivität des Erkennens, in der Sackgasse einer Tautologie: Das Denken will in den Akten des Erkennens, wie Adorno in seiner negativen Dialektik in unübertroffener Weise aufzeigt, das 'Andere' seiner selbst erfassen und muß, wenn es sich seiner eigenen Möglichkeiten versichert, doch begreifen, daß es in dem 'Anderen' im letzten und konstitutiv immer nur sich selbst findet - eine fürwahr unbefriedigende Situation.[10]

---

[10] Adorno sieht in dem in der negativen Dialektik vorgestellten "anderen Genus des Denkens" einen Weg, dieser Tautologie zu entgehen. Auf diesen Versuch kann hier nicht eingegangen werden. Vgl. Th.W. Adorno: Negative Dialektik, Ffm. 1982; Helga Gripp: Theodor W. Adorno - Erkenntnisdimensionen negativer Dialektik, a.a.O.

Dieser unbefriedigenden Situation stellt sich Luhmann auf konstitutiv neue Weise. Sein Vorschlag ist: Da der Zirkularität der Selbstreflexität nicht zu entgehen ist, sie im Gegenteil aufgrund der Erfahrungen der modernen Naturwissenschaften zur "Seinskategorie schlechthin" generalisiert werden muß, ist der Versuch, sie zu vermeiden, aufzugeben. Sie ist vielmehr, so Luhmann, in Gebrauch zu nehmen, zu entfalten und derart zu enttautologisieren (vgl. SS 649). Eben dies kann dem Anspruch nach eine Theorie selbstreferentieller Systeme leisten.

II. Am Anfang ist die Differenz

Am Anfang war der Logos - mit diesem Diktum beginnt die abendländische Kultur. Die in diese Annahme eingehenden Implikate und die damit unserem Erkennen zur Lösung aufgegebenen Probleme wurden im Vorangegangenen behandelt. Gilt es, das alteuropäische Denken zu überwinden, dann muß bei den Wurzeln dieser Annahme angesetzt werden. Für Niklas Luhmann heißt das: "Umorientierung von Einheit auf Differenz als Startpunkt der Theorieentwicklung" (vgl. ÖK, 23). Umstellung der Theorie von Einheit auf Differenz wiederum meint: Überwindung des Identitätskonzepts. Das "design" (Luhmann) der Theorie selbstreferentieller Systeme hat zum Ziel, eben diese Umorientierung theorietechnisch zu realisieren. Im folgenden gilt es deshalb, sich dieses design näher zu vergegenwärtigen.

Als erstes allgemeines Moment ist festzuhalten, daß die Theorie selbstreferentieller Systeme nicht länger von irgendeiner Vorannahme, welch analytischer Natur auch immer, ausgehen kann. Sie fußt vielmehr allein auf etwas, so Luhmann, was es in der Realität wirklich gibt - und das sind Systeme.[11] System freilich meint, dies gilt es immer wieder sich

[11] In den Worten Luhmanns: "Die folgenden Überlegungen gehen davon aus, daß es Systeme gibt. Sie beginnen also nicht mit einem erkenntnistheoretischen Zweifel. Sie beziehen auch nicht die Rückzugsposition einer 'lediglich analytischen Relevanz' der Systemtheorie. Erst recht soll die Engstinterpretation der Systemtheorie als eine bloße Methode der Wirklichkeitsanalyse vermieden werden. Selbstverständlich darf man Aussagen nicht mit ihren eigenen Gegenständen verwechseln; man muß sich bewußt sein, daß Aussagen nur Aussagen und wissenschaftliche Aussagen nur wissenschaftliche Aussagen sind. Aber sie beziehen sich, jedenfalls im Falle der Systemtheorie, auf die wirkliche Welt. Der Systembegriff

ins Gedächtnis zu rufen, nicht eine in sich abgeschlossene Entität, deren Elemente in einer strukturierten Ordnung aufeinander bezogen gedacht sind, sondern System meint die Vernetzung von selbstreferentiellen Operationsweisen, über die alles, was als Einheit *erscheint*, einschließlich der eigenen Letztelemente, eigendynamisch konstituiert wird - und zwar über eine Bewegung der Abgrenzung gegenüber der Umwelt. Von der Realität von Systemen auszugehen, meint also auf das Phänomen Erkennen bezogen nichts anderes als die Annahme, daß es *reale* Operationen des Erkennens in einer *realen* Umwelt gibt. Dies mag naiv erscheinen, wie Luhmann konzediert, aber "wie anders", so Luhmann, "als naiv soll man anfangen?" (EK, 13), schließlich kann erst nachdem begonnen worden ist, der Anfang selbst reflektiert werden.

Als ihr Fundament kennt die Theorie also letztlich nur Operationen. Kennt sie nur Operationen, dann ist sowohl die traditionelle Subjekt- als auch die traditionelle Natur- bzw. Objektkonzeption diesem Verständnis anzupassen. Aus dem Subjekt im traditionellen Sinne wird, wie bereits erwähnt, ein empirisch beobachtbares, operativ geschlossenes, selbstreferentielles System, und aus dem Objekt im traditionellen Sinne wird die vom System selbst ausgegrenzte bzw. konstituierte Umwelt des Systems. Sind derart die Weichen gestellt, damit in der Theorie selbstreferentieller Systeme alle traditionell konzipierten Entitäten gleichsam 'verflüssigt' gedacht werden können, dann bedarf es nur noch eines: Es muß ein, die unbegrenzte Bewegung der Operationen unterbrechendes Moment geben, damit ein Beginn zumindest simuliert werden kann. In die Bewegung muß, anders ausgedrückt, eine Form implementiert werden. Erst über die Einführung eines formenden

---

bezeichnet also etwas, was wirklich ein System ist, und läßt sich damit auf eine Verantwortung für Bewährung seiner Aussagen an der Wirklichkeit ein." (SS 30)

Moments in die Unbegrenztheit der Bewegung wird ein innen und außen konstituiert, wird die Genese von Struktur möglich.

Das formgebende Moment, von dem Luhmann ausgeht, ist die Operation der Unterscheidung. Wie jede Form ist auch die der Unterscheidung dadurch gekennzeichnet, daß mit ihr eine Innenseite (das Unterschiedene) von einer Außenseite (das Sonstige) getrennt wird. Jede Form, also auch jede Unterscheidung, implementiert somit ein Gefälle, eine Hierarchie, in das Immergleiche der Bewegung. Und erst über dieses Gefälle wird dann Strukturbildung möglich. Auf die Konzeption von Theorie bezogen lautet die Anweisung dann: Entscheide, mit welcher grundlegenden Unterscheidung Du beginnen willst. Ist derart ein Anfang gesetzt, gilt es nur noch eine weitere methodologische Anweisung zu beachten: Die Ausgangsunterscheidung der Theorie muß wiedereintrittsfähig gebildet, also intern bearbeitbar sein (vgl. Luhmann 1987b, 46).

Eben diesem methodologischen Muß genügt die Unterscheidung System/Umwelt, von der Luhmann ausgeht. Denn: "Systeme können einen Wiedereintritt der Differenz von System und Umwelt in das System vollziehen. Sie können sich intern an der Differenz von System und Umwelt orientieren. Sie erzeugen diese Differenz allein dadurch, daß sie operieren und eine Operation an andere anschließen. Sie orientieren ihre eigenen Operationen, indem sie sie als eigene identifizieren, an dieser Differenz, indem sie sich von dem unterscheiden, was sie für ihre Umwelt halten. Es ist dieselbe und nicht dieselbe Differenz. Es ist eine in Form gebrachte Paradoxie, weil das System als Einheit operiert." (Luhmann 1988a, 296) Eine System/Umwelt-Theorie kennt somit Selbstreferenz nicht mehr nur als ein Merkmal der Theorie oder ihres Gegenstandes, sondern - dies ist entscheidend - das Konzept Selbstreferenz ist in den Konstruktionstypus Theorie selbst eingebaut (vgl. Luhmann 1987b, 46). Für einen solchen Theorietypus kann es dann auch keine unhinterfragbaren erkenntnistheoretischen Kriterien geben. Sie setzt statt dessen, so Luhmann, "auf eine naturalistische Epistemologie" (vgl. SS, 10). Was aber ist eine naturalistische Epistemologie?

1. Erkenntnis als Konstruktion

Naturalistische Epistemologien fragen, wie Kant, nach den Bedingungen der Möglichkeit von Erkenntnis, verzichten dabei aber, anders als Kant, auf jegliche Annahme transzendentaler Art. Naturalistische Epistemologien basieren stattdessen auf Ergebnissen der Gehirnforschung.[12] Letztere wiederum zeigen, daß das Gehirn, im Unterschied zu der traditionellen und alltäglichen Vorstellung, derzufolge wir uns über unsere Sinnesorgane mit der Welt 'draußen', in welcher Weise auch immer, verbunden fühlen, so gut wie ohne Kontakt zur Umwelt auskommt. Das Nervensystem muß, so der Kybernetiker v. Foerster, so die Biologen Maturana und Varela, als ein operational geschlossenes System verstanden werden, das mit der Umwelt nur insoweit in Kontakt steht, als es an letztere "strukturell angekoppelt" (Maturana/Varela) ist. Über dieses Angekoppeltsein wirken Reize aus der Umwelt auf das Gehirn ein, die letzteres als Irritationen erfahren kann, wodurch dann *systemstruktureigene* Operationsweisen angestoßen werden können.[13] Am Beispiel der Wahrnehmung verdeutlicht heißt

---

[12] Für diejenigen Ansätze in den natur-, geistes- und sozialwissenschaftlichen Disziplinen, die auf eine naturalistische Epistemologie setzen, hat sich der Name Konstruktivismus bzw. Radikaler Konstruktivismus etabliert. Vgl. dazu: Schmidt, S.J. (Hg.): Der Diskurs des Radikalen Konstruktivismus, Frankfurt/Main, 1991, S. 13ff.

[13] Vgl. v. Foerster, H.: Sicht und Einsicht, Versuche zu einer operativen Erkenntnistheorie, Braunschweig/Wiesbaden 1985; Maturana, H.R.: Erkennen: Die Organisation und Verkörperung von Wirklichkeit, Braunschweig-Wiesbaden

das: Nicht etwa werden von einer Nervenzelle die physikalischen Merkmale einer Erscheinung encodiert, also z.B. das Blau des Himmels, sondern die Zelle reagiert ausschließlich auf Quantitäten, also z.B. auf eine spezifische Quantität von Photonen pro Sekunde. Die *Qualität* der Erfahrung wird dann im Gehirn "errechnet" (v. Foerster). In den Worten von v. Foerster: "Die Erregungszustände einer Nervenzelle codieren nur die Intensität, aber nicht die Natur der Erregungsursache. (Codiert wird nur: 'So-und-so-viel an dieser Stelle meines Körpers', aber nicht 'was')."(v. Foerster, in: Schmidt, J. (Hg.) 1991, S. 138) Dies gilt, und das macht diese Erkenntnis noch erstaunlicher, für jegliche Sinneswahrnehmung. Egal, ob es sich um Sehen, Hören, Riechen oder Fühlen handelt, alle Zellen kennen nur die Sprache 'Klick, Klick, Klick' (vgl. v. Foerster a.a.O., 138f). Die jeweils entsprechenden Qualitätsunterschiede werden dann im Gehirn erzeugt. Wie aber entsteht dann der überwältigende Reichtum unserer Empfindungen und Wahrnehmungen, wenn die Sinne uns nichts weiter liefern als eine eintönige Folge von Klicks (vgl. von Foerster a.a.O.,140)?

Wie immer diese Frage nach der Transformation von Quantitäten in spezifische Qualitäten im engeren Sinne zu beantworten sein mag, für die cognitive sciences gilt es als ausgemacht, daß alle Bedeutungen im Gehirn *selbstreferentiell* und *selbstexplikativ* konstruiert werden. Kognition ist, wie von Foerster formuliert, die "Errechnung einer Realität", wobei mit dem Begriff "Rechnen" nichts anderes gemeint ist als eine Operation, "die beobachtete physikalische Entitäten ('Objekte') transformiert, modifiziert ordnet, neu anordnet usw." (v. Foerster 1985,30) Natürlich können kognitive Prozesse keine Realität im eigentlichen Sinne erzeugen; was sie "er-

---

1982; Maturana, H.R./Varela, F.J.: Der Baum der Erkenntnis, Bern/München/ Wien 1987.

rechnen", sind vielmehr "Beschreibungen" einer Realität. "Kognition" meint deshalb, so v. Foerster präziser, "Errechnung von Beschreibungen einer Realität." (a.a.O.,31) Insofern nun die auf einer bestimmten Ebene neuronaler Aktivität errechnete Beschreibung, etwa ein auf die Retina projiziertes Bild, auf einer höheren Ebene erneut bearbeitet wird, danach wieder usw., hat dieser "Rechenprozeß" als endlos zu gelten. Nur von außen her kann diesen rekursiven Prozessen ein 'Ende' gesetzt werden. Nur indem ein "Beobachter" - und das kann auch das Selbst sein - eine bestimmte motorische Aktivität als "terminale Beschreibung" klassifiziert, findet der Prozeß einen - in gewisser Weise fiktiv zu nennenden - Schlußpunkt. Fiktiv ist dieser Schlußpunkt deshalb zu nennen, weil die kognitiven Prozesse als nie endende rekursive Prozesse des (Er-)Rechnens von Beschreibungen aufgefaßt werden müssen (vgl. von Foerster, a.a.O. 31). Erkenntnistheoretisch bedeutet das: Kein Organismus hat als Organismus einen kognitiven Zugang zu seiner Umwelt. Nur über die *Beobachtung eigener interner* Operationen und Zustände gewinnt ein Organismus diejenige Vorstellung, die ihm dann als Realität erscheint. Das Phänomen Sprache bewirkt im Humanbereich, daß der "Beobachter" in den Stand gesetzt wird, die "Beschreibungen" seiner eigenen Aktivitäten in einer Weise verdinglichen zu können, daß er wähnen kann, die von ihm selbst geschaffene Welt der Objekte sei objektiv, also unabhängig von ihm selbst da.

Halten wir fest: Die zuvor skizzierten neurophysiologischen Aspekte der konstruktivistischen Kognitionstheorie besagen: Auf allen Ebenen des 'Erkennens' bleibt uns die Realität 'an sich' verschlossen. Wir konstruieren unsere Wahrnehmungen, die Welt der Objekte sowie die Welt der anderen Subjekte, die uns scheinbar objektiv *in* der Welt begegnen, selbst; und zwar dergestalt, daß wir als Beobachter unserer eigenen Operationen gleichsam in Interaktion zu diesen Operationen treten und von diesen Interaktionen Beschreibungen erzeugen. Alles, was traditionellerweise als Erkennen gedacht wird, ist also im Grunde ein Beobachten eigener Operationen; alles, was als Erkanntes traditionellerweise begriffen wird, ist eine Beschreibung eben jener eigenen Operationen. Wenn also bei Luhmann aus dem 'Erkennen' ein 'Beobachten', aus dem 'Erkennenden' der 'Beobachter' wird, dann ist dies nicht einer esoterischen und nicht weiter zu bedenkenden Wortwahl geschuldet, sondern diese Termini stehen symptomatisch für die erkenntnistheoretische Wende, die er mit seiner Theorie, den Erfahrungen der Biologie des Erkennens folgend, vollzieht. Letztere besagen: "Erkennen können nur geschlossene Systeme." (SA 5, 36f) Von dieser Annahme auszugehen und weiter anzunehmen, daß gegenüber der Umwelt operativ geschlossene Systeme ein dem Außen entsprechendes Bild dieses Außen entwerfen könnten, wäre ein Widerspruch in sich. Das, was erkennende Systeme als vorgebliches Bild des Außen entwerfen, kann vielmehr, sieht man die biologische Natur des Erkennens als gegeben an, nur als das ureigenste Konstrukt dieser geschlossenen Operationsverfahren des Beobachtens eigener Tätigkeiten verstanden werden. Die paradoxale Konsequenz faßt Luhmann so zusammen: "Wir erkennen die Realität, weil wir aus ihr ausgesperrt sind - wie aus dem Paradies." (1988a, 294)

Diese Annahme führt dann allerdings bei Luhmann nicht zu einer solipsistischen Position. Denn wenn auch von der Realität an sich nichts gewußt werden kann, so kann sie doch nicht geleugnet werden. Jede Operation des Beobachtens ist ja eine Operation, die real stattfindet, die es also ohne so etwas wie eine Realität gar nicht geben könnte. Was im Konstruktivismus und von Luhmann nur behauptet wird ist, daß diese Realität uns *kognitiv* nicht zugänglich ist.

An diesem Punkt angekommen, läßt sich noch einmal erörtern, warum Luhmann eine System/Umwelt-Theorie konzipiert. Oben wurde gesagt, daß dies eine Theorie sei, in deren Konstruktionstypus das Konzept Selbstreferenz direkt eingebaut und die traditionelle Subjekt/Objekt-Differenzierung aufgegeben ist. Begründet wurde diese erkenntnistheoretische Umorientierung mit dem aus den Naturwissenschaften resultierenden neuen Verständnis von Welt, in dem die Kategorie Selbstreferenz den Status einer "Seinsbeschreibung schlechthin" gewinnt. Jetzt läßt sich die Entscheidung Luhmanns zugunsten einer System/Umwelt-Theorie noch aus der aus den Erfahrungen der cognitive sciences folgenden "De-ontologisierung der Realität" (Luhmann) ableiten. Nimmt man die De-ontologisierung der Realität nämlich ernst, dann stellt sich die Frage, wie die zuvor dargestellte Situation, daß eine außerhalb des Erkennens existierende Realität weder geleugnet noch in irgendeiner Weise sachentsprechend begriffen werden kann, theoriestrategisch adäquat verarbeitet werden kann? In der ontologischen Weltsicht, derzufolge die Annahme gilt: 'Es gibt ein Sein' - wie unerkennbar auch immer - und kein Nichtsein - letzteres stellt eine bloße Reflexionskategorie des Subjekts dar - , ist immer schon eine spezifizierende Entscheidung 'für' die Realität des Außen getroffen worden. Eine derartige Stellungnahme aufrechtzuerhalten wäre, vor dem Hintergrund der biologischen Annahmen zur Natur des Erkennens, zumindest gewagt. Sich weder für das Sein noch für das Nichtsein der Realität zu entscheiden, diesen 'Spagat' vollziehen zu können, verlangt dann allerdings nach einem essentiell neuen Theorietypus. Die System/Umwelt-Theorie Luhmanns stellt ein derartig neues Theoriekonzept dar. In ihr kann die zuvor genannte artistische Leistung vollbracht werden, weil die Unterscheidung System/Umwelt, von der aus die Theorie aufgebaut ist, die Annahme impliziert, daß es weder ein für sich 'seiendes' Außen noch ein für sich 'seiendes' Innen gibt. Was es gibt, das sind Operationen, die ihr Innen und Außen selbstreferentiell herstellen, womit das Problem hinsichtlich des Seins oder Nichtseins von Realität gleichsam operativ zu überwinden versucht wird. Die Frage nach der Realität, als Frage nach dem Gegenstand des Erkennens verstanden, wird dann zur Frage nach dem 'Wie' der Grenzziehung zwischen innen und außen bzw. nach der Art und Weise der Ausdifferenzierung von erkennenden Systemen.

2. Erkennen als Beobachten

Wird die Frage nach den Bedingungen der Möglichkeit von Erkennen in der Theorie selbstreferentieller Systeme zur Frage nach dem 'Wie' der Ausdifferenzierung von erkennenden Systemen und wissen wir bereits, daß Erkennen als das Beobachten eigener Operationen zu verstehen ist, dann gilt es, die Beobachtung als solche näher zu betrachten. Was also ist im engeren Sinne mit dem Terminus Beobachtung bei Luhmann gemeint? Eine Antwort, die Luhmann gibt, lautet: "Der Begriff Beobachtung ist auf dem Abstraktionsniveau des Begriffs der Autopoiesis definiert. Er bezeichnet die Einheit einer Operation, die eine Unterscheidung verwendet, um die eine oder die andere Seite dieser Unterscheidung zu bezeichnen. Die Art der Operation kann ... Leben, Bewußtsein oder Kommunikation sein." (ÖK 266) Versuchen wir dieses Zitat schrittweise zu verstehen.

Zuerst einmal gilt es, den schon im Vorangegangenen verwendeten Begriff der Autopoiesis näher zu bestimmen. Den Begriff der Autopoiesis übernimmt Luhmann von Humberto Maturana. Ihm zufolge bezeichnet Autopoiesis "eine besondere Organisation, die eine besondere Art von Systemen definiert: *autopoietische Systeme*. Was *autopoietische Systeme* auszeichnet ist, daß sie als Einheiten abgeschlossene Netzwerke der Produktion von Komponenten konstituieren, in denen die produzierten Komponenten das Netzwerk der Produktion, in dem sie entstehen und dessen Ausdehnung sie spezifizieren, selbst hervorbringen."[14] Während Maturana das Konzept der Autopoiesis auf lebende Systeme beschränkt wissen will, überträgt Luhmann es auch auf soziale Systeme , was die eigentliche Definition von Autopoiesis aber nicht tangiert. Auch für Luhmann gilt: "Der Begriff bezieht sich auf (autopoietische) Systeme, die alle elementaren Einheiten, aus denen sie bestehen, durch ein Netzwerk eben dieser Elemente reproduzieren und sich dadurch von einer Umwelt abgrenzen - sei es in der Form von Leben, in der Form von Bewußtsein oder (im Falle sozialer Systeme) in der Form von Kommunikation. Autopoiesis ist die Reproduktionsweise dieser Systeme." (ÖK 266) Autopoiesis als Reproduktionsweise spezifischer Systeme zu verstehen, besagt demnach, daß derart konstituierte Systeme ihre Elemente selbst herstellen bzw. präziser ausgedrückt: eigenständig *re*produzieren. Von *Re*produktion ist präziserweise deshalb zu sprechen, weil auch Luhmann nicht umhinkommt, von einer 'letzten' "Typik" von Elementen ausgehen zu müssen, die von dem jeweiligen System nicht hintergehbar ist (vgl. SS, 62). Als letzte, für die jeweiligen Systeme nicht weiter auflösbare Einheiten kennt Luhmann: Leben, Bewußtsein und Kommunikation. Dementsprechend unterscheidet er dann auch drei unterschiedliche Systemtypen: organische Systeme, psychische Systeme und soziale Systeme. Sie alle sind strukturell aneinander angekoppelt, bilden also reziprok für einander Umwelt.

Zu beachten ist also: Während sich der Begriff Selbstreferentialität auf den Aufbau von Strukturen, also auf die Selbst*organisation*, bezieht, zielt der Terminus Autopoiesis

---

[14] Humberto Maturana in: Krüll, M./Luhmann, N./Maturana/H.: Grundkonzept der Theorie autopoietischer Systeme. Neun Fragen an Niklas Luhmann und Humberto Maturana und ihre Antworten. In: Zeitschrift für systemische Therapie: Jg. 5 (1987), Heft 1, S. 10.

demgegenüber gleichsam auf das Selbst*sein* des Systems ab. Er besagt, daß die elementaren Einheiten des Systems sich selbst am Leben erhalten, und daß eben dieser Prozeß des Sich-selbst-am-Leben-erhaltens der Elemente zugleich der Prozeß ist, über den das System sich von einer Umwelt abgrenzt und als System allererst konstituiert.[15] Anders ausgedrückt: Indem autopoietische Systeme tun, was allein sie tun können - und müssen -, nämlich sich selbst am Leben erhalten, bewirken sie, daß "Netzwerke" entstehen, die aufgrund eben dieser Prozeße des Sich-Vernetzens von Operationen Abgrenzungen gegenüber einem Außen generieren. Die Autopoiesis ist also gleichsam der 'Geist', der 'bewirkt', daß Systeme entstehen, da über erstere Selbsterhaltungsprozesse in Gang gesetzt und am Leben erhalten werden.

Unsere Ausgangsfrage bezog sich auf die Art und Weise der Ausdifferenzierung erkennender Systeme. Bei der Suche nach einer Antwort auf diese Frage war - aus analytischen Gründen - erst einmal zu unterscheiden zwischen Autopoiesis und Beobachtung. Mit dem Begriff Autopoiesis wird, wie wir gesehen haben, die Art der Dynamik der Ausdifferenzierungsprozesse erfaßt. Da deren Konstituens im Fortsetzen der Operationen liegt, besteht das Grundproblem autopoietischer Ausdifferenzierungsprozesse, sprich: Systeme, darin, wie in die Dynamik des Geschehens, das man als Weitermachen um des Weitermachens willens beschreiben könnte, Strukturen implementiert werden können; wie also, in der Terminologie Luhmanns formuliert, "operative Anschlußfähigkeit" gewährleistet werden kann. Für die Lösung dieses Problems steht in der Theorie autopoietischer Systeme Luhmanns die Kategorie "Beobachtung". Als eine Sonderform der allgemeinen Operation des Unterscheidens verstanden, ist die "Beobachtungsoperation"

[15] Diese Denkfigur ließe sich auch so fassen: Das 'Sein' der Systeme ist ihr 'Tun'; nämlich die Bewegung der Selbsterhaltung.

als dasjenige Moment verstanden, das bewirkt, daß in das endlose Prozessieren, das Autopoiesis meint, eine Gestalt eingeführt wird. Das Spezifikum der Beobachtung liegt dann darin, daß sie dasjenige, das als konstitutives Moment allen selbstreferentiellen Operierens zu gelten hat - das Unterscheiden zwischen innen und außen, zwischen selbst und fremd -, operativ handhabbar macht. Denn operativ handhabbar wird die Unterscheidung allein dadurch, daß eine der beiden Seiten, aus denen jede Unterscheidung naturgemäß besteht, der zweiten Seite gegenüber ausgezeichnet wird. Indem derart eine der beiden Seiten fixiert und damit identifiziert wird, kann dann an sie mit weiteren Operationen angeschlossen werden. Die Beobachtung, verstanden als "operativer Vollzug einer Unterscheidung durch Bezeichnung der einen (und nicht der anderen) Seite", macht derart Anschlußfähigkeit möglich (vgl. WG, S. 84f).

Festzuhalten bleibt: Die Beobachtung muß als eine Operation verstanden werden, die Identitäten generiert. Nur indem diese Identitäten generiert werden, ist Anschlußmöglichkeit für weitere Operationen in nicht- beliebiger Weise möglich; können derart Strukturen entstehen, die nicht-beliebige Abgrenzungen gegenüber dem Außen über Vernetzungen von Operationen gewährleisten. Zu unterscheiden ist allerdings, und dies ist ein zentraler Punkt, zwischen der Beobachtung als Operation und dem, was sie zeitigt. Als *Operation* ist die Beobachtung gleichsam blind. Sie tut, was sie tut: also unterscheiden-und-bezeichnen, und sonst nichts. Indem sie tut, was sie tut, generiert sie aber zugleich die Möglichkeit, daß von ihrem Tun etwas 'gesehen' werden kann - und zwar von einer nächsten Operation des Unterscheidens-und Bezeichnens, die wiederum ihrerseits nur tut, was sie tut, die also ebenfalls bezogen auf ihr eigenes Tun 'blind' ist. Es bedarf also konstitutiv einer weiteren Operation, damit die bezeichnete Seite der ersten Operation gleichsam das Licht der Welt erblicken kann.

Das bedeutet: Jede Beobachtungsoperation steht unter dem Imperativ, daß es eine weitere operative Beobachtung geben muß, da im anderen Falle das Licht, das von der ersten Beobachtung qua Bezeichnung in das Dunkel der Welt getragen wird, von eben jenem Dunkel sofort wieder absorbiert würde. Die oben zitierte Stelle, an der Luhmann davon spricht, daß der Begriff der Beobachtung "auf dem Abstraktionsniveau des Begriffs Autopoiesis definiert" sei, ist also vor dem Hintergrund der zuvor angestellten Überlegungen so zu verstehen: Beobachtung und Autopoiesis sind zwei Dimensionen, die unmittelbar zusammengehören. Die Beobachtung hängt in gewisser Weise an den Fäden der Autopoiesis, da erstere nur ist, was sie ist, also Beobachtung, wenn an sie angeschlossen wird. Daß an sie angeschlossen wird, daß also weitergemacht wird, das wiederum bewirkt die Autopoiesis.

Zusammengefaßt bedeutet das: Die Beobachtung als Sonderform des Unterscheidens ist gebunden daran, daß Vernetzungen stattfinden. Gibt es diese Vernetzungen nicht, bleibt das Unterscheiden-und-Bezeichnen wirkungslos. Woraus folgt: *Der Beobachter ist immer ein System.* Das ist das eine. Das andere ist: Die Beobachtung muß als formgebendes Moment verstanden werden. Über sie bzw. über die bezeichnete Seite der Unterscheidung wird bewirkt, daß nicht mit einer beliebigen nächsten Operation weitergemacht, sondern daß an der Innenseite der Form angeschlossen wird, und so aus der rekursiven Vernetzung der Beobachtungsoperationen strukturierte Geschehenszusammenhänge entstehen können, deren Grenzen dann einschränken, was in den jeweiligen Systemen beobachtet werden kann. Das eigentliche Resultat der Beobachtung ist wiederum abhängig von den Unterscheidungen, die das beobachtende System verwendet. Wird im organischen Bereich, beispielsweise auf der Ebene des Zellgeschehens, ausschließlich unterschieden zwischen passend, nicht-passend, so ist die Zahl der möglichen Unterscheidungen im psychischen und sozialen Bereich aufgrund des Mediums Sprache prinzipiell unendlich. Ob nach dem Schema Mann/Frau, schön/häßlich, reich/arm oder wie auch immer unterschieden wird, muß prinzipiell als offen angesehen werden. Hat allerdings die Beobachtungsoperation beispielsweise die Seite Mann bezeichnet und nicht die Seite Frau, dann kann auch nur an dem 'identifizierten Objekt Mann' weiter angeschlossen werden; die Option Frau ist also erst einmal außer Kraft gesetzt. Daß die Option, ein Phänomen Frau zu konstruieren, nur erst einmal und nicht endgültig außer Kraft gesetzt ist, hat mit der für den menschlichen Bereich typischen "Ordnungsform" des Erlebens zu tun. Sie nennt Luhmann "Sinn".

3. Sinn als Form

Wenn oben betont wurde, daß Beobachtung und Autopoiesis immanent zusammengehören, weil die Beobachtung nur sein kann, was sie ist, wenn an sie angeschlossen wird; wenn weiter deutlich wurde, daß das Konstituens der Beobachtung das Operieren mit einer Unterscheidung ist, deren prinzipiell mögliche Zahl in einem sinnhaft-sprachlich konstituierten Bereich als unendlich angesehen werden muß, dann stellen sich zwei Fragen. Zum einen ist zu fragen, wie diese Offenheit der Möglichkeiten in der Welt thematisch wird, zum anderen gilt es weiter zu präzisieren, wie diese Offenheit der Möglichkeiten eingegrenzt und damit bearbeitbar gemacht wird. Man kann beide Fragen auch der Luhmannschen Terminologie angepaßt formulieren und nach der berühmt - berüchtigten "Reduktion von Komplexität" fragen.

Der Begriff Komplexität steht in der Theorie Luhmanns für eine die Theorie durchaus konstituierende Annahme. Diese lautet: Die unermeßliche Weltkomplexität, die sich in dem Tatbestand einer konstitutiven Kontingenz des Erfahrens von Welt artikuliert, muß, soll mit ihr umgegangen werden, reduziert werden. Diese Reduktion von Weltkomplexität findet, abstrakt formuliert, über Systembildung statt; also über das Ziehen einer Grenze zwischen innen und außen. Über das Ziehen einer solchen Grenze werden dynamische Zusammenhänge gleichsam herauskristallisiert, die dann von geringerer Komplexität sind als die Umwelt.

Um den Gedankengang zu präzisieren und ihn damit zugleich an das im vorangestellten Abschnitt Behandelte anzuschließen, ist zu betonen, daß Weltkomplexität immer schon und nur reduziert in der Welt 'erscheint'. Denn ist alles, was sich in der Welt 'zeigt', das Resultat einer spezifischen Unterscheidungsoperation, nämlich der Operation Beobachtung, und ist der Beobachter, wie wir gesehen haben, immer ein System, da die Operation Beobachtung nur zur Beobachtung werden kann, wenn an sie angeschlossen wird, dann 'zeigt' sich Weltkomplexität eben immer schon in systemhaft reduzierter Gestalt. Daraus folgt: Wir sind mit der Außenwelt immer nur durch einen sehr schmalen Ausschnitt der Wirklichkeit verbunden, und diesen Ausschnitt konstituieren wir selbst.

Richtet man nun sein Augenmerk auf die Form, in der diese Weltkomplexität über Systembildung thematisch werden kann, dann ist man auf die Kategorie "Sinn" verwiesen. Zwar ist Sinn nur *eine* Form, in der Weltkomplexität bearbeitet wird, für diejenigen Systeme aber, die Sinn verwenden, also für psychische und soziale Systeme, hat diese Form Ausschließlichkeitscharakter. Da diese Systeme ihre Grenzen über Sinn konstituieren, gibt es für sie sowohl innen als auch außen nur Sinn, ist also auch die Umwelt für diese Systeme nur in der Form von Sinn gegeben. Für psychische und soziale Systeme wird somit "Sinn zur Weltform und übergreift damit die Differenz von System und Umwelt". (SS, 95) Was aber hat man unter Sinn als Form der Bearbeitung von Komplexität zu verstehen?

Nach Luhmann gilt: Sinn ist der Form nach "Wiedergabe von Komplexität, und zwar eine Form der Wiedergabe, die punktuellen Zugriff, wo immer ansetzend, erlaubt, zugleich aber jeden solchen Zugriff als Selektion ausweist und, wenn man so sagen darf, unter Verantwortung stellt." (SS, 95) Konstitutives Moment der Form Sinn ist also, daß sie Reduktion *und* Erhaltung von Komplexität zugleich erlaubt. Heißt Komplexität, wie Luhmann schreibt, "praktisch Selektionszwang" (vgl. Habermas/Luhmann 1971, 33), dann bedeutet sinnhafte Bearbeitung von Komplexität, daß diese Selektion in einer Form geschieht, die verhindert, daß die nicht-gewählten Möglichkeiten vernichtet werden. Letztere werden vielmehr nur für den Moment außer Kraft gesetzt und können - zumindest prinzipiell - jederzeit aktualisiert werden. Gilt also zum einen, daß Weltkomplexität immer schon und immer nur in systemisch reduzierter Gestalt sich zeigt, so gilt zum anderen: Systemische Reduktion von Weltkomplexität kann in der Form von Sinn geschehen. Geschieht sie in der Form von Sinn, dann liegt das Spezifikum dieser Reduktionsweise darin, daß die "unfaßbar hohe Komplexität (Weltkomplexität) appräsentiert und für die Operationen psychischer und sozialer Systeme verfügbar gehalten (wird)."(SS, 94)

Interessant nun ist die Art und Weise,in der Sinn Weltkomplexität appräsentiert und für das Operieren psychischer und sozialer Systeme verfügbar hält. Als erster fundamentaler Sachverhalt gilt in diesem Zusammenhang für Luhmann, daß Sinn "basal instabil" ist (vgl. SS, 99). In einer frühen Arbeit, in der Luhmann noch subjektnäher formuliert, heißt es bezogen auf diese Annahme: "Das Erleben erlebt sich als beweglich - und anders als in der transzendentalen Phänomenologie nehmen wir dafür *organische* (Herv.d.V.) Grundlagen an".

(Habermas/Luhmann 1971, 31) In seinem Hauptwerk 'Soziale Systeme' geht Luhmann zwar nicht länger in expliziter Weise von organischen Grundlagen aus, formuliert dafür aber ebenso apodiktisch, daß bezogen auf Sinn "ohne jeden Versuch einer reduktiven 'Erklärung' von einem Grundsachverhalt basaler Instabilität...." auszugehen sei (vgl. SS, 99). Diese basale Instabilität von Sinn artikuliert sich in einer grundlegenden Differenzerfahrung: der "Differenz von *aktual Gegebenem* und auf Grund dieser Gegebenheit *Möglichem*" (vgl. SS, 111). Anders ausgedrückt: Alles Sinngeschehen erlebt sich als eingelassen in einen Verweisungshorizont anderer Möglichkeiten, wie wenig thematisch dieser auch immer aktuell sein mag. Da diese anderen Möglichkeiten immer präsent bzw. jedem sinnhaft aktuell Gegebenen gleichsam beigeordnet sind, "zwingt", wie Luhmann schreibt, Sinn "sich selbst zum Wechsel" (vgl. SS, 98). Sinn kann geradezu als "ein Sich-selbst-Prozessieren" verstanden werden (vgl. SS, 102), denn der momentane Aktualitätskern bedarf aufgrund der Verweisungsstruktur auf andere Möglichkeiten, in die er eingebunden ist, konstitutiv des Wechsels, um sein zu können, was er ist - nämlich Sinn. Insofern für Sinn gleichsam ein eingebauter Zwang zur Selbständerung konstitutiv ist, kann Luhmann formulieren: "Die Selbstbeweglichkeit des Sinngeschehens ist Autopoiesis par excellence." (SS, 101) Sie ist Autopoiesis par excellence, weil Sinn immer wieder Sinn reproduziert und niemals Nicht-Sinn. Zwar kann Sinn negiert werden, aber dieses Negieren muß sich auch wieder auf Sinn beziehen; oder präziser ausgedrückt: Auch das Negieren von Sinn ist eine spezifische, eben verneinende Bezugnahme auf Sinn, setzt diesen also voraus bzw. findet in und nicht außerhalb einer durch Sinn konstituierten Welt statt. "Sinn ist also", so Luhmann, "eine unnegierbare, eine differenzlose Kategorie." (SS, 96) [16]

Als zweite fundamentale Annahme bezogen auf den thematischen Kontext gilt, daß es die jedes Sinngeschehen konstituierende Grunddifferenz von Aktualität und Possibilität ist, die dem Erleben Informationswert gibt. Denn Information entsteht für ein System dadurch, daß Anstöße von außen eben jene Grunddifferenz im System gleichsam in Bewegung setzen. Was meint, Information entsteht, wenn das System veranlaßt wird, über eine Neuordnung der Strukturen seinen eigenen Zustand zu verändern. Information muß demnach als ein zeitpunktfixiertes Ereignis verstanden werden, das den Strukturgebrauch aktualisiert (vgl. SS, 102). Insofern ist Information also immer Information eines Systems, da es ohne vorhandene Struktur logischerweise auch keine Strukuränderung geben kann. Information ist auch immer etwas, das sich *innerhalb* des Systems abspielt; aus dem Außen kommt lediglich der Stimulus, der eine Strukturänderung bewirken kann oder auch nicht. Ob also z.B. eine Nachricht für ein System eine Information darstellt oder nicht, 'entscheidet' das System.[17] Sinnhafte Informationsverarbeitung ist demnach immer ein selbstreferentielles Systemgeschehen. "Beides, Universalität und Selbstreferenz", so Luhmann, ist "unabdingbare Eigenschaft von Sinn" (vgl. SS, 107). Die Ausfüllung mit Inhalten, zum Bei-

---

[16] Ohne an dieser Stelle auf die erkenntnistheoretischen Implikate dieses Sinnbegriffs einzugehen, sei doch festgehalten, daß differenzlose Begriffe dadurch charakterisiert sind, daß sie ihre eigene Negation einschließen. Begriffe wiederum, die ihre eigene Negation enthalten, sind paradoxiehaltig, woraus folgt, daß auch Sinn als ein paradoxiehaltiger Begriff verstanden werden muß (vgl. Luhmann 1988, 42).

[17] Diese Annahme kann man sich an einem einfachen Beispiel verdeutlichen: Ob der Wertverfall einer spezifischen Aktie von jemanden als Information gewertet wird oder nicht, hängt davon ab, ob er sich für Aktien interessiert oder nicht bzw. ob dieser Tatbestand für ihn neu ist oder nicht.

spiel über Zeichen, ist demgegenüber immer erst ein zweiter Bearbeitungsakt, den Systeme vollziehen. Denn Inhalte, Zeichen, sind ja gerade dadurch charakterisiert, daß sie auf etwas Bestimmtes unter Ausschluß von Selbstreferenz verweisen. Insofern für das Zeichen der Horizont der Möglichkeiten außer Kraft gesetzt ist, es diesem aber gleichsam das eigene 'Sein' verdankt, muß Sinn, folgt man der Luhmannschen Argumentation, als ein Sachverhalt gelten, der aller Zeichenfestlegung immer schon vorausgeht. "Sinn bildet den Kontext aller Zeichenfestlegung, die conditio sine qua non ihrer Asymmetrisierung, aber als Zeichen genommen würde Sinn nur als Zeichen für sich selbst, also als Zeichen für die Nichterfüllung der Funktion des Zeichens stehen können." (SS, 107) Vorausgesetzt bei dieser Argumentation ist und muß werden, daß es *in* der Welt um die Welt geht; was heißen soll, daß die *Welt,* verstanden als "unfaßbare" Komplexität, sich darstellbar und damit bearbeitbar macht. Sie stellt sich dar, wenn man so sagen darf, in der Form von Sinn; oder anders ausgedrückt: in der Form der Differenz von Aktualität und Potentialität, in der Differenz von realisierter und unrealisierter, unendlicher Möglichkeit. Insofern dies der Sachverhalt ist, von dem ausgegangen wird (werden muß?), kann Luhmann sagen: "Am Anfang steht also nicht Identität, sondern Differenz." (SS, 112)

Es mag zum Verstehen der Materie beitragen, wenn wir uns die Annahmen desjenigen Denkers ansehen, der Luhmann bezogen auf die Frage nach der Struktur von Sinn am nächsten steht: Edmund Husserl.[18] Husserl fragt bekanntlich sehr ähnlich wie Luhmann, wie wir dazu kommen, den Dingen in der

---

[18] Vgl. zum folgenden: Edmund Husserl: Die phänomenologische Methode. Ausgewählte Texte I, hrsg. mit einer Einführung von K. Held, Stuttgart 1985; Ders.: Phänomenologie der Lebenswelt. Ausgewählte Texte II, hrsg. mit einer Einführung von K. Held, Stuttgart 1986; vgl. auch: Niklas Luhmann: Einführung in die Systemtheorie, Autobahnuniversität Band 10: Sinn, Carl-Auer-Systeme, Heidelberg (Kassette).

Welt ein 'Sein' zuzuschreiben. Seine Antwort lautet verkürzt und auf unseren Kontext bezogen: Alle subjektive Erfahrung ist durch einen als "Horizontbewußtsein" (Husserl) charakterisierten Verweisungszusammenhang gekennzeichnet. Das meint: Zu jedem Erleben gehört konstitutiv ein Wissen davon, daß die Aufmerksamkeit jederzeit von dem gerade thematischen Gegenstand abgewendet und einem anderen Gegenstand zugewendet werden kann. Alle Gegenstände der Erfahrung werden also gleichsam als in einen Horizont anderer "Vermöglichkeiten" (Husserl) eingebettet erlebt. Diesen Horizont erfährt das Bewußtsein als beweglich und als konstitutiv offen. Denn mit jeder Positionsveränderung, die das Bewußtsein vornimmt, verschiebt sich auch der Horizont der Möglichkeiten.Was bedeutet, daß es für die Bewußtseinsvollzüge konstitutiv keine Grenze gibt. Aus eben dieser Erfahrung eines endlosen Undsoweiter, unter der das Bewußtsein operiert, erwächst für uns, so sieht es Husserl, die Überzeugung, daß es einen letzten, undurchstreichbaren Horizont geben müsse. Dieser Vorstellung eines undurchstreichbaren letzten Horizontes geben wir den Namen "Welt". Noch einmal anders ausgedrückt: Es ist die Erfahrung der Unendlichkeit des Sinngeschehens, die uns zu der Konstruktion einer seienden Welt führt. Und es ist eben diese Vorstellung, die bewirkt, daß die Beweglichkeit des Bewußtseins uns nicht ins Bodenlose fallen läßt.

Festzuhalten ist: Auch schon für Husserl ist die Überzeugung von einem Sein der Dinge eine reine Konstruktion. Das Bewußtsein baut die von ihm als seiend interpretierte Welt aus Daten, die ihm das Aussen liefert, über "apperzeptive" und "noematische" Vollzüge auf. Das Ergebnis der noematischen Verarbeitung der aufgenommenen Daten wird als ein gegenüber den noematischen Vollzügen Transzendentes verstanden. Das Etwas in der Denkgeste 'Ich denke etwas' ist also ein bezogen auf die Bearbeitung im Innen und der Gegebenweise des Aussen Drittes, es ist eine Konstitution des Bewußtseins. Mit dieser Annahme bestätigt Husserl auf seine spezifische Weise die erkenntnistheoretische Position Kants. Das ist das eine. Das andere ist - und mit dem weiteren geht Husserl über die Kantsche Position hinaus, und eben diese Kant transzendierende Denkgeste ist in Bezug auf Luhmann relevant -: Das Bewußtsein ist zwar einerseits immer auf ein Bestimmtes gerichtet, dieses Bestimmte aber wird immer und konstitutiv vor dem Hintergrund von anderem nur thematisch. Die Welt schrumpft nie auf einen einzigen Bewußtseinsinhalt zusammen.

Dieses Husserlsche Horizonttheorem nun läßt sich unschwer in der Interpretation von Sinn, die Luhmann vorstellt, wiederfinden. Die Unterscheidung Aktualität/Potentialität, die bekanntlich für Luhmann Sinn bedeutet, nimmt den Gedanken der konstitutiven Verweisungsstruktur der Bewußtseinsvollzüge auf, reinigt ihn aber von allen subjektiven Konnotationen. Übrig bleibt bei Luhmann die Struktur einer Bewegung, über welche die Welt sich darstellen kann. Diese Bewegung kann via Bewußtsein oder via Kommunikation Gestalt gewinnen. Denn Sinn wird von Luhmann im Sinne eines "Mediums" verstanden, das mit der Differenz von Aktualität und Potentialität gleichsam 'arbeitet'. Ein Medium wiederum, so wie Luhmann den Begriff versteht, kann immer nur über Formbildung reproduziert werden. Es stellt also gleichsam die Bedingung der Möglichkeit von Formung dar. Auf Sinn bezogen heißt das: Mit Sinn, also mit der Differenz von Aktualität und Potentialität, ist eine spezifische Möglichkeit gegeben, in der Formung stattfinden kann. Als formenden Mechanismus haben wir die Beobachtungsoperation kennengelernt, so daß gesagt werden kann: Sinn stellt eine Möglichkeit zur Verfügung, innerhalb derer Beobachtungsoperationen stattfinden können.Dieses Mediums kann sich dann sowohl das Bewußtsein als auch die Kommunikation bedienen. Für beide Systeme ist

Sinn *das* Medium überhaupt. Sinn also, und das ist die entscheidende Aussage Luhmanns, kann durchaus subjektfrei konzipiert werden. Man muß dazu allerdings dem Sinnbegriff eine neue Deutung geben. Sinn kann nicht länger als ein Etwas verstanden werden, das ein Subjekt in die Welt entäussert, sondern Sinn muß als ein Medium verstanden werden, das eine bestimmte Gestalt von Formung zuläßt: Die Form, aktuell Gegebenes als etwas auszuweisen, das andere Gegebenheiten, andere Möglichkeiten nicht vernichtet, sondern nur als momentan inaktuell ausweist. So verstanden ist dann eine Konzeption möglich, derzufolge nicht nur Bewußtseinssysteme, sondern auch Kommunikationssysteme sich des Mediums Sinn bedienen. Denn auch Kommunikationssysteme operieren in einer Weise, daß alles Kommunizierte immer und konstitutiv auf anderes, prinzipiell Kommunizierbares verweist. Auch kommunikativ schrumpft die Welt nie auf nur einen einzigen Kommunikationsakt zusammen.

III. Leben, Bewußtsein, Kommunikation

Es ist die zuvor vorgestellte differenzspezifische Interpretation des Begriffs Sinn, die es Luhmann erlaubt, die in seinen Theorieansatz fundierend eingehende neue naturwissenschaftliche Sichtweise der physischen Welt auf die Ebenc des Sozialen zu übertragen. Ist Sinn nämlich nicht länger im Sinne einer subjektspezifischen Potenz verstanden, sondern als ein spezifisches "Medium", "an dem Beobachten seine Form gewinnt" (vgl. WG, 110), dann wird es möglich zu prüfen, ob auch andere als psychische Systeme sich dieses Mediums bedienen können, um ihrem Prozessieren Gestalt zu verleihen. Diese Prüfung führt bei Luhmann, wie bereits angedeutet, zu dem Theorem, daß auch Zusammenhänge, die auf Kommunikation beruhen, sinnhafte Selektion betreiben; dies unter der Voraussetzung natürlich, daß organische bzw. psychische Systeme qua struktureller Kopplung für sie zur Verfügung stehen.

Die Transferierung der allgemeinen Annahmen einer Theorie selbstreferentieller Systeme auf den besonderen Bereich des Sozialen, die Luhmann vollzieht, soll im folgenden in der Weise behandelt werden, daß die Bezüge zwischen dem Bereich des Lebendigen, des Psychischen und des Sozialen deutlich werden können. Eine gewisse Redundanz bezogen auf bereits Dargestelltes läßt sich bei dieser Vorgehensweise nicht vermeiden. Sie dient aber, so hoffe ich zumindest, dem Verstehen der komplexen Materie.

1. Zur Autopoiesis des Lebendigen

Geht man von der biologischen Natur der Erkenntnisprozesse aus und sieht man das Biologische als die einzige Grundlage an, von der man ausgehen kann, dann ist als erstes nach der Natur des Lebendigen zu fragen. Die Antwort, die Vertreter des radikalen Konstruktivismus auf diese Frage geben, haben wir nachvollzogen. Sie lautet in einer Formulierung von Gerhard Roth: "Lebewesen lassen sich als selbstreferentielle und selbsterhaltende oder auch *autopoietische* Systeme beschreiben, die aus Komponenten aufgebaut sind, die sich zyklisch produzieren und damit sich selbst und das Gesamtsystem erhalten (...). Die Komponenten oder Teilprozesse der Lebewesen sind zumeist von sehr spezifischer physikalischer und chemischer Art: es handelt sich um sog. selbstorganisierende Prozesse, die sich durch spontane Organentstehung auszeichnen." (Roth 1988,91) Sind selbstorganisierende Prozesse als das Charakteristikum des Lebendigen zu verstehen, dann tangiert diese Sichtweise notwendigerweise die Möglichkeit eines Verständnisses von Identität. Anders ausgedrückt: Die Vorstellung, daß allem Seienden ein unveränderbarer Wesenskern inhärent sei, aus dem die Annahme einer Grunddifferenz von Sein und Werden ihre Berechtigung beziehen könnte, muß aufgegeben werden. Das ist das eine. Das andere ist, auch dies wurde bereits behandelt: Lebende Systeme müssen als operativ geschlossene, und das heißt als autonome Systeme verstanden werden. Veränderungen im System können also dem System von außen nicht oktroiert werden; nur das System selbst kann Veränderungen vornehmen, indem es auf Irritationen aus der Umwelt seiner eigenen Struktur gemäß reagiert. Autonom heißt aber nicht autark. Denn autopoietische Systeme, und damit auch lebende Systeme, sind dem hier dargestellten Ansatz zufolge durchaus auf die Umwelt angewiesen, mit der sie qua "struktureller Kopplung" verbunden sind. Die Umwelt allerdings kann die Systeme nicht kausal beeinflussen, sondern nur im Sinne eines Setzens von Stimuli irritieren. An einem Beispiel sei das Gemeinte verdeutlicht: Bekanntlich verursacht exzessiver Tabakgenuß Lungenkrebs. Ebenso bekannt ist aber auch, daß es unzählige Raucher gibt, die von Lungenkrebs verschont bleiben. Ganz offenbar also reagiert der Körper auf die Stimuli von außen nach je eigenen Gesetzen, die dem Zugriff von außen verschlossen sind. Was nun bedeuten diese allgemeinen Annnahmen hinsichtlich des 'Seins' des Lebendigen für ein mögliches Verständnis des Verhältnisses von Gehirn und Bewußtsein?

Zuerst einmal ist festzuhalten, daß das Gehirn als ein Teil des Lebendigen zu gelten hat, so daß auch für das Gehirn die beschriebenen Merkmale - Autopoiesis einerseits und strukturelle Kopplung an eine Umwelt andererseits - als geltend verstanden werden müssen. Anders ausgedrückt: Auch das Gehirn muß als ein auf der operativen Ebene geschlossenes System verstanden werden. Dann aber entsteht die Frage, wie es vorstellbar ist, daß dieses selbstreferentiell geschlossene System, gleichsam über die 'Produktion' von Bewußtsein, in einen Kontakt zur Außenwelt treten kann? Wie überhaupt läßt sich die Genese von 'Geist' bzw. 'Bewußtsein' denken? Die Antwort, die Gerhard Roth gibt, lautet: "'Geist' und 'Bewußtsein' sind Zustandsformen der (selbstreferentiellen) Selbstbeschreibung und Selbstdeutung *spezifischer* neuronaler Netzwerke." (Roth a.a.O., 96) Unter "Selbstbeschreibung" wiederum ist "die selbstreferentielle - im Prinzip unendliche - Modulation der Zustände der Nervenzellen bzw. Nervenverbände (...) untereinander, der Relationen zwischen diesen Zuständen und der Relationen zwischen Relationen" verstanden (vgl. Roth a.a.O., 96). Anders ausgedrückt: Gedacht ist, daß aus der unendlichen Modulation der Zustände der Nervenzellen ein Phänomen resultiert, das einerseits nichts anderes ist als die Darstellung dieser neuronalen Bewegungszustände, das andererseits aber, eben aufgrund dessen, daß es sich um die *Darstellung* und nicht um die Prozesse selbst handelt, die neuronalen Prozesse auch transzendiert. Aus dem neuronalen Geschehen emergiert also ein Phänomen, das mit den Operationen des Gehirns gleichzusetzen und nicht gleichzusetzen ist - und dieses 'Dritte' wird von Roth Geist bzw. Bewußtsein genannt.[19] Im Verlauf der Ontogenese werden diese neuronalen Selbstbeschreibungsprozesse dann - über das Medium Sprache - mit Inhalten gefüllt und reifiziert.

Festzuhalten bleibt: Das, was wir als Output unseres Bewußtseins erfahren, hat nichts mit dem (zu unterstellenden) Außen zu tun. Wir leben, um mit Roth zu sprechen, in einer "*kognitiven* Wirklichkeit", also in einer neuronal konstruierten Wirklichkeit. Könnte man nun diese Aussage durchaus noch im Sinne der erkenntnistheoretischen Auffassung Kants verstehen, so wird die Differenz zu Kant, und damit das Radikale des radikalen Konstruktivismus, dann deutlich, wenn man sich vergegenwärtigt, daß auch das 'Ich' des Cogito als ein Zustand der sich selbstreferentiell ausdifferenzierenden kognitiven Wirklichkeit verstanden werden muß. Das Ich ist also keineswegs, wie Roth schreibt, "das kognitive Subjekt im Sinne eines Konstituenten der Kognition ..., sondern selbst ein Konstituum" (vgl. Roth a.a.O., 97). Ist das Ich nicht länger als diejenige (transzendentale) Instanz zu verstehen, die unsere Wirklichkeit konstruiert, sondern muß auch das Ich selbst als ein Konstrukt interner neuronaler Selbstdifferenzierungsprozesse, also als eine von uns geschaffene Vorstellung, verstanden werden, dann wird - dies gilt es zu betonen - unsere Erfahrung von Wirklichkeit gleichsam bodenlos. Wir schwimmen, metaphorisch gesprochen, in einem Meer von Unwirklichkeiten - uns festhaltend an einem imaginierten Strohhalm: der Unterscheidung von Materie und Geist bzw. der von Objekt und Subjekt.

Luhmann interpretiert nun diese konstruktivistischen Annahmen zum Verhältnis von Gehirn und Bewußtsein auf eine

---

[19] Vgl. dazu auch die an anderer Stelle genannten Arbeiten von Humberto R. Maturana, Francisco J. Varela sowie Heinz v. Foerster.

Weise, die es ihm ermöglicht, wie wir sehen werden, eine, die kontruktivistischen Annahmen noch einmal radikalisierende Auffassung hinsichtlich der Natur des Erkennens zu entwikkeln.

2. Zur Autopoiesis des Bewußtseins

Die zuvor dargestellten Annahmen zum Verhältnis von Gehirn und Bewußtsein werden von Luhmann in der Weise übernommen, daß er strikt unterscheidet zwischen dem neuronalen System einerseits und dem System Bewußtsein andererseits. Beide sind als selbstreferentielle autopoietische Systeme konzipiert, die reziprok via struktureller Kopplung füreinander Umwelt darstellen und auf die auch alle sonstigen Merkmale, die dieses Konzept tragen, zutreffen. Das sie qualitativ Unterscheidende liegt in der Art und Weise ihres jeweiligen Außenbezuges. Die neuronalen Aktivitäten beziehen sich über den ihnen eignenden physiologischen Operationsmodus ausschließlich auf den eigenen Körper. Sie sind, wie Luhmann schreibt, "eine Einrichtung zur Selbstbeobachtung des Körpers" (vgl. WG, S.19). Demgegenüber wendet das strukturell an das Gehirn angekoppelte Bewußtsein das Innere des Körpers gleichsam nach außen (vgl. ebenda). Das System Bewußtsein kompensiert also in gewisser Weise die Beschränkungen des Nervensystems, das selbst ohne Bezug zur Außenwelt operiert, indem es das, was ihm als Eigenzustand des Körpers suggeriert wird, nach außen kehrt. In den Worten Luhmanns: "Das Bewußtsein interpretiert Körpervorgänge als Welt." (WG, 43) Versuchen wir, uns diese Interpretation von Körpervorgängen als Welt verständlich zu machen.

Autopoietische Systeme sind, wie wir erfahren haben, genuin unruhige Systeme. Insofern nämlich die Elemente eines autopoietischen Geschehens den Charakter von Ereignissen haben, und Ereignisse dadurch gekennzeichnet sind, daß sie im Moment ihres Erscheinens schon wieder im Verschwinden begriffen sind, können autopoietische Systeme nur existieren aufgrund der konstanten Reproduktion der sie konstituierenden Elemente.[20] Am Phänomen Bewußtsein kann nun diese "dynamische Stabilität" (Luhmann) autopoietischer Systeme besonders gut nachvollzogen werden. Denn ein Bewußtseinsakt steht, wie schon der Alltagsverstand zu realisieren vermag, nie für sich alleine. Er ist vielmehr immer eingebunden in einen Zusammenhang mit anderen Bewußtseinsakten. In den Worten Luhmanns: "Die Elemente des Bewußtseins werden gewonnen als Modifikationen der Elemente des Bewußtseins. Das Bewußtsein existiert als *Selbsttransformation*." (1985a, 403) Als letztes, für das System nicht weiter auflösbares Element, über dessen Reproduktion sich das Bewußtseinssystem konstituiert und selbsttransformiert, versteht Luhmann den Gedanken. Gedanken allerdings sollten, wie er selbst schreibt, nicht zu sehr mit Denken im alltäglichen Verständnis assoziiert werden (vgl. a.a.O., 406). Fragt man nun, wie man sich das Konzept der Reproduktion von Gedanken aus Gedanken, das dem Theorieansatz zufolge gleichbedeutend ist mit dem Konzept der Konstitution des Bewußtseinssystems, näher vorzustellen hat, dann ist man auf die Operationsform "Beobachtung" verwiesen, die, wie wir wissen, als das grundlegende, der Autopoiese eine Form implementierende Moment zu gelten hat. Die Beobachtung ist, wie bekannt, eine "Operation des Bezeichnens-anhand-einer Unterscheidung" (vgl. a.a.O., 407). Auf unseren Zusammenhang bezogen heißt das: Gedanken reproduzieren sich, womit sie zugleich das System Bewußtsein konstituieren, indem sie sich reziprok "beobach-

[20] Bei der Betrachtung autopoietischer Geschehenszusammenhänge kommt also Zeit in einer entscheidend neuen Weise ins Spiel, worauf in Abschnitt IV dieser Arbeit einzugehen sein wird.

ten". Also: Ein Gedanke "bezeichnet" einen anderen Gedanken mit Hilfe einer Unterscheidung und fixiert ihn derart. Den bezeichneten Gedanken nennt Luhmann "Vorstellung", so daß das Beobachten selbst auch als "Vorstellen einer Vorstellung" bezeichnet werden kann. Erinnert man sich nun, daß bei der Operationsform Beobachtung konstitutiv zu unterscheiden ist zwischen der *Operation* des Unterscheidens-und-Bezeichnens, die für sich genommen, wie behandelt, gleichsam 'blind' ist einerseits, und der *Beobachtung*, verstanden als eine ein Ergebnis zeitigende Aktivität andererseits, dann muß es immer schon eine zweite Operation, ein zweites "Vorstellen einer Vorstellung" geben, damit das erste gezeitigte Vorstellen einer Vorstellung 'sichtbar' werden kann. Das wiederum bedeutet: Jeder Gedanke muß als in einen autopoietischen Reproduktionsprozeß eingespannt gedacht werden, ohne den es buchstäblich nichts, also keinerlei Vorstellen gäbe. "Eben deshalb", so Luhmann, "muß Bewußtsein, um sein zu können, System sein." (a.a.O., 408)

Die Reflexion der Unterscheidung von Gedanke und Beobachtungsoperation, wobei letztere ja immer schon ein neuer Gedanke ist, zeigt aber nicht nur den Systemcharakter von Bewußtsein, sondern sie macht auch deutlich, daß zwischen der ersten Dimension der Beobachtung, also der Dimension Operation, und der zweiten Dimension, also der Dimension Sichtbarwerden des Operationsergebnisses, Zeit eingebaut ist. Gehört tatsächlich Zeit zu jeder Beobachtung und ist alles, was in der Welt 'sichtbar' ist, Resultat von Beobachtungsoperationen, dann bedeutet das, daß allem erscheinenden Geschehen in der Welt eine Art retrospektiver Charakter zukommt. Bezogen auf Bewußtsein heißt das: Insofern die eigentliche, ein Ergebnis konstituierende Operation immer schon vorbei ist, wenn sie 'sichtbar' wird, kann man mit Luhmann sagen, daß das Bewußtsein voranschreitet, indem es zurückblickt. "Es operiert gleichsam mit dem Rücken zur Zukunft, nicht proflexiv, sondern reflexiv. Es bewegt sich gegen die Zeit in die Vergangenheit, sieht sich selbst dabei ständig von hinten und an der Stelle, wo es schon gewesen ist... Es verfolgt in sich selbst kein Ziel, sondern bemerkt, was ihm passiert ist." (a.a.O., 408)

Ist schon dieses Ergebnis der Luhmannschen Überlegungen zur Autopoiesis des Bewußtseins für 'Alteuropäer' nicht gerade leicht zu verkraften, so gilt ähnliches um so mehr für die folgende Annahme Luhmanns: Gedanken beobachten einander nicht anhand von irgendwelchen Unterscheidungen, sondern sie verwenden eine spezifische Unterscheidung, nämlich die von Selbstreferenz und Fremdreferenz. Anders ausgedrückt: Der "bezeichnete" Gedanke 'entsteht' aus der 'Bewegung' der Unterscheidung zwischen Selbst und Nichtselbst, welche die beobachtende Operation vollzieht. Andere Gedanken werden also, wie Luhmann schreibt, "als genau diese Differenz (von Selbst- und Fremdreferenz H.G.-H.) beobachtet, das heißt als *Vorstellung* von *etwas*" (vgl. a.a.O., 409). Ist jeder Gedanke aber nur aufgrund dieser Differenz von Selbst und Nichtselbst gegeben, dann muß jeder Gedanke als momentan geschaffen verstanden werden. Dann wiederum prozessiert das Bewußtsein nicht nur mit dem Rücken zur Zukunft, sondern sein Status überhaupt verändert sich; dies zumindest bezogen auf das traditionelle Verständnis. Nicht länger kann, wie selbst noch der Begriff der Intentionalität bei Husserl suggeriert, das Bewußtsein so gedacht werden, daß ihm Gedanken, in welcher Urqualität auch immer, gleichsam gegeben sind, die auf entsprechende Stimuli hin in die Welt entäußert werden, sondern jeder Gedanke konstituiert sich von Moment zu Moment, und Bewußtsein ist nur, insofern diese Selbstkonstitution von Gedanken stattfindet. Die Genese von Gedanken ist also, noch einmal anders formuliert, nicht einer wie auch immer zu denkenden Potenz des Bewußtseins geschuldet, sondern sie resultiert aus der Potenz der Autopoiesis. Die Autopoiesis wiederum gewinnt diese ihre Potenz aus einem konstitutivem Mangel: dem Mangel, daß Elemente nur Ereignischarakter haben, daß sie also im Moment ihres Erscheinens schon wieder verschwinden, so daß es konstitutiv einer kontinuierlichen Fortsetzung der Operationen bedarf, damit dasjenige, für das die Elemente stehen, wenn schon nicht als Entität, so doch als Teil eines Geschehenszusammenhangs existieren kann.

Zusammengefaßt heißt das: Bewußtsein ist nur Bewußtsein, wenn man es kausalistisch einmal ausdrücken darf, weil es *keine* Entitäten gibt; weil es, anders ausgedrückt, 'den' Gedanken nicht gibt. Was es allein gibt, das ist eine kontinuierliche, sich vernetzende Bewegung der Beobachtung nach dem Unterscheidungsschema Selbstreferenz/Fremdreferenz, in welcher jeder Gedanke in jedem Moment neu geschaffen wird. Insofern der beobachtende Gedanke auf der operativen Ebene immer und konstitutiv der gleichsam ausgeschlossene Dritte ist, bleibt das aktuelle Tun des Bewußtseins für es selbst intransparent.[21] Das Bewußtsein ist, um es paradox zu formulieren, nie da, wo es zu sein vorgibt; es ist, um es noch paradoxaler zu sagen, immer schon da, wo es noch nicht ist. Aus dem autopoietischen Charakter des Bewußtseins, also aus dessen selbstreferentieller operativen Geschlossenheit, folgt nun eine für die Theorie Luhmanns entscheidende Annahme. Sie lautet: "*Es gibt keinen unmittelbaren Kontakt zwischen verschiedenen Bewußtseinssystemen.*" (a.a.O., 404) Was es allein gibt, das sind vermittelte - und zwar über Kommunikation vermittelte - Kontakte, womit wir uns, last not least, dem Phänomen 'soziales System' angenähert haben.

---

[21] Das bedeutet selbstverständlich nicht, daß gemeint ist, man könne nicht über sich selbst nachdenken; gemeint ist nur, daß jede Selbstreflexion immer und konstitutiv im wörtlichen Sinne als ein Nach-Denken verstanden werden muß.

3. Zur Autopoiesis des Sozialen

Sozialität beruht im "alteuropäischen" Verständnis darauf, daß Menschen sich sinnhaft handelnd aufeinander beziehen. Die Fähigkeit zu intersubjektiver Verständigung ist demzufolge geradezu als die Bedingung dessen angesehen, daß es Gesellschaft geben kann. Wie aber, so muß gefragt werden, ist gemeinschaftliches Miteinander denkbar, wenn das Psychische in der Weise konzipiert ist, wie wir es zuvor nachvollzogen haben? Wie ist, anders ausgedrückt, denkbar, daß psychische Systeme, die derart als in sich ein- und abgeschlossen verstanden sind, zueinander in Kontakt treten? Wie wirkt sich, so ist weiter zu fragen, die von Luhmann vorgenommene spezifische Definition von Sinn auf ein mögliches Verständnis hinsichtlich der Genese und der Aufrechterhaltung von Sozialität aus?[22]

Luhmann behandelt die Ausgangssituation, daß zwei psychische Systeme sich begegnen, unter dem Signum "doppelte Kontingenz".[23] Das meint erst einmal ganz allgemein, daß ein psychisches System, gerade weil es ein unter der Formgebung Sinn operierendes System ist, sich selbst und die Welt, also

---

[22] Sinn, wir erinnern uns, ist konzipiert als ein Medium, das den Beobachtungsoperationen psychischer und sozialer Systeme ihre spezifische Form verleiht. Diese Systeme bearbeiten Weltkomplexität im Rahmen der Unterscheidung von Aktualität und Potentialität. Sinn zwingt demnach den Systemen immer schon ein bestimmtes Verhalten auf: Sie müssen das 'Ist' in Abgrenzung zum 'Möglichen' bestimmen. In den Worten Luhmanns: "Sinn läßt keine andere Wahl als zu wählen." (SS, 194)

[23] Den Begriff Kontingenz faßt Luhmann so: "Kontingent ist etwas, was weder notwendig ist noch unmöglich ist; was also so, wie es ist (war, sein wird), sein kann, aber auch anders möglich ist. Der Begriff bezeichnet mithin Gegebenes (Erfahrenes, Erwartetes, Gedachtes, Phantasiertes) im Hinblick auf mögliches Anderssein; er bezeichnet Gegenstände im Horizont möglicher Abwandlungen." (SS, 152)

auch die anderen psychischen Systeme, unter dem Aspekt des auch-anders-möglich erfährt. Treffen nun zwei Systeme zusammen, die jeweils sich selbst und das andere System als eingelassen in einen prinzipiell offenen Horizont von Möglichkeiten erleben, dann entsteht eine Situation, in der Verhaltensabstimmung unabdingbar notwendig wird. Sich auf der Ebene zu treffen: 'Ich weiß nicht, was Du wirklich denkst, und Du weißt nicht, was ich wirklich denke, aber ich weiß, daß Du auch anderes wollen kannst, als Du zu wollen vorgibst, so wie Du ja auch nicht wissen kannst, was ich wirklich will, weil wir beide wissen, daß das, was von uns 'sichtbar' ist, gleichsam nur die Spitze eines Eisberges ist' - diese Situation ist unhaltbar; die sie konstituierende Unsicherheit muß, soll ein Sichverhalten zueinander möglich werden, kompensiert werden. Fragt man, wie diese Kompensation geschieht, dann lautet die Antwort Luhmanns: Um die reziproke Undurchschaubarkeit zu überwinden, nehmen die sich begegnenden psychischen Systeme eine spezifische Unterstellung vor. Sie unterstellen, daß sie sich im Verkehr miteinander, wenn schon nicht durchschauen, so doch zumindest wechselseitig beeinflussen können, und daß sie dann aus der Beobachtung dieses Versuchs etwas über das andere psychische System lernen können. Aus der reziproken Beobachtung, die dem Theoriedesign gemäß, wie wir verfolgt haben, immer als eine Selbstbeobachtung bzw. als eine Informationsgewinnung im jeweiligen System selbst verstanden werden muß, entsteht derart ein 'Wissen' über den anderen, das die tatsächliche Intransparenz zu kompensieren vermag. Dieses Wissen, obschon eine bloße Konstruktion, generiert einen Wirklichkeitsbereich, der fortan als eine Art Plattform dient, von der aus die psychischen Systeme, nun nicht länger bodenlos, miteinander verkehren können. In den Worten Luhmanns: "Die schwarzen Kästen erzeugen sozusagen Weißheit, wenn sie aufeinandertreffen, jedenfalls ausreichende Transparenz für den Verkehr miteinander.

Sie erzeugen *durch ihr bloßes Unterstellen* Realitätsgewißheit, weil dies Unterstellen zu einem Unterstellen des Unterstellens beim alter Ego führt. ... Sie bleiben getrennt, sie verschmelzen nicht, sie verstehen einander nicht besser als zuvor; sie konzentrieren sich auf das, was sie am anderen als System-in-einer Umwelt, als Input und Output beobachten können, und lernen jeweils selbstreferentiell in ihrer je eigenen Beobachterperspektive. Das, was sie beobachten, können sie durch eigenes Handeln zu beeinflussen versuchen, und am feedback können sie wiederum lernen. Auf diese Weise kann eine emergente Ordnung zustandekommen, die *bedingt ist* durch die Komplexität der sie ermöglichenden Systeme, die *aber nicht davon abhängt, daß diese Komplexität auch berechnet, auch kontrolliert werden kann.* Wir nennen diese emergente Ordnung soziales System." (SS 156f)

Halten wir fest: Ein soziales System entsteht gemäß Luhmann nicht aufgrund der Fähigkeit der Menschen zu Intersubjektivität, sondern ein soziales System muß geradezu als ein Korrelat der Geschlossenheit psychischer Systeme verstanden werden. Es entsteht also gleichsam aus einem Defizit heraus; aus dem Defizit an "basaler Zustandsgewißheit" in der Begegnungssituation und der daraus resultierenden Verhaltensunsicherheit. Gerade weil die psychischen Systeme reziprok füreinander nicht berechenbar sind, kristallisiert sich ein Bereich aus, in dem die Sichbegegnenden die aus der doppelten Kontingenzsituation folgenden Ungewißheiten wenigstens in Bezug auf das jeweils *eigene* Verhalten kontrollieren können (vgl. SS, 157). Fragt man nun, auf welche Weise dieses reziproke Kontrollieren des jeweils eigenen Verhaltens stattfindet, dann lautet die Antwort: Die Kontrolle findet statt über "Kommunikation". Kommunikation freilich darf nicht im alteuropäischen Sinne als das Übertragen einer Information von einem Sprecher auf einen anderen verstanden werden, sie ist bei Luhmann vielmehr als ein "selbstreferentieller Prozeß" konzipiert, über den sich ein *eigenständiges* Systemgeschehen, nämlich das soziale System, auskristallisiert. Luhmanns spezifisches Verständnis von Kommunikation, auf dem die Transferierung der allgemeinen Annahmen einer Theorie autopoietischer Systeme auf den Bereich des Sozialen beruht, gilt es deshalb im folgenden nachzuvollziehen.

Unter Kommunikation versteht Luhmann "eine eigenständige autopoietische Operation, die drei verschiedene Selektionen, nämlich Information, Mitteilung und Verstehen, zu einer emergenten Einheit verknüpft, an die weitere Kommunikationen anschließen können." (ÖK, 267) Das heißt: Ein Kommunikations*akt* kommt nur dann zustande, wenn und insofern drei Selektionen zu einer Synthese zusammengeschmolzen werden: etwas, das auch anders hätte ausfallen können, wird als mitteilungswerte Information ausgewählt; jemand entschließt sich, dies auch tatsächlich mitzuteilen, obschon er es auch hätte unterlassen können; und jemand versteht, daß ihm etwas mitgeteilt worden ist, obwohl er auch, beispielsweise aufgrund von geistiger Abwesenheit, nichts hätte verstanden haben können. Kommen diese drei Selektionen in einem Akt zusammen, dann nennt Luhmann dies Kommunikation. Der einzelne Kommunikations*akt* ist mit dem Verstehen/Nichtverstehen abgeschlossen.[24] Denn ist eine mitgeteilte Information aufgenommen worden, ist der Empfänger der Information ein anderer. Selbst wenn er nämlich die Information inhaltlich nicht verstanden hat, hat sich sein eigener Zustand geändert, indem er jetzt weiß, daß er etwas nicht verstanden hat. Wie es dann kommunikativ weitergeht, das gehört nicht mehr zum basalen Element, alteuropäisch: zur Begriffsdefinition von Kommunikation. In den Worten Luhmanns: "Annehmen und

---

[24] Daß Luhmann die dritte Selektion als Verstehen/Nichtverstehen bezeichnet, ist mißverständlich. Mir scheint, daß die Termini Angekommen/Nicht-angekommen dem Gemeinten eher angemessen wären.

Ablehnen einer zugemuteten und verstandenen Selektion sind... nicht Teil des kommunikativen Geschehens; es sind Anschlußakte." (SS, 204) Kommunikation, verstanden als Grundelement sozialen Geschehens, stellt also in dynamischer Hinsicht betrachtet nichts anderes dar als Anschluß*fähigkeit* (vgl. ebenda). Damit aus der Anschluß*fähigkeit* die Faktizität eines Anschließens werden kann, muß eine neue Differenz operativ in Gang gesetzt werden: die Differenz von Annehmen und Ablehnen. Voraussetzung für das In-Gang-kommen dieser Differenz wiederum ist, daß derjenige, der im Rahmen eines Kommunikationsaktes als Adressat der Information figuriert, er wird von Luhmann Ego genannt (vgl. SS, 195),[25] die an ihn gerichtete Information auch als eine solche diagnostizieren kann. Das heißt: Ego muß zwischen Information und Mitteilung unterscheiden können. Er muß, anders ausgedrückt, die Mitteilung als Mitteilung einer Information, und nicht als bloßes sprachliches Verhalten auffassen können. "Kommunikation", so Luhmann, "kommt nur zustande, wenn diese zuletzt genannte Differenz beobachtet, zugemutet und verstanden und der Wahl des Anschlußverhaltens zu Grunde gelegt wird." (SS, 196) Denn, so kann man erklärend hinzufügen, das Unterscheiden zwischen Information und Mitteilung ist die Bedingung der Möglichkeit, daß Identitäten generiert werden können, über die der Aufbau von Strukturen möglich wird. Konkret: Die Unterscheidung zwischen Information und Mitteilung ist die Bedingung der Möglichkeit, daß nicht nur Laute ausgetauscht, sondern inhaltlich gefüllte Äußerungen als solche auch wahrgenommen werden, an die dann gezielt angeschlossen werden kann. Darüber hinaus gilt: Nur wenn ein Informant erwarten kann, daß derjenige, an den er seine Information richtet, auch realisieren kann, daß er mit einer Infor-

---

[25] Der Adressat wird deshalb Ego genannt, weil die Kommunikation von ihm letztlich abhängt. Nur wenn er versteht und dann selbst kommuniziert, kommt Kommunikation, im hier verstandenen Sinne, zustande.

mation und nicht bloß mit Geräuschen konfrontiert ist, wird er überhaupt zu kommunizieren anfangen. Eine derartige Erwartungshaltung auf seiten Alters muß also als konstitutiv dafür angesehen werden, daß eine Kommunikation ihren Anfang nimmt. Ist ein erster Kommunikationsakt vollzogen, also hat es eine Information gegeben, die mitgeteilt und die, wie auch immer, aufgenommen wurde, dann hängt alles weitere Geschehen von Ego, also von dem Adressaten, nämlich von seinem Verstehen/Nichtverstehen bzw. von seinem Annehmen/ Ablehnen ab. Weiter gilt: Erst wenn Ego reagiert, wird 'sichtbar', was von der Information aufgenommen worden ist und von welchem Punkt aus es weitergehen wird. "Die Kommunikation wird", wie Luhmann schreibt, "sozusagen von hinten her ermöglicht, gegenläufig zum Zeitablauf des Prozesses." (SS, 198)[26] Theorietechnisch heißt das: Erst wenn Ego das Verhalten von Alter (des Informanten) tatsächlich mit Hilfe der Unterscheidung von Information und Mitteilung "beobachtet", was aber nur sichtbar wird, wenn er selbst zu kommunizieren anfängt, zeitigt die erste kommunikative Operation ein Ergebnis. "Beobachtet" er den Informanten nicht im Rahmen dieser Unterscheidung, weil er sich beispielsweise nicht angesprochen fühlt, bleibt der gesetzte Kommunikationsakt wirkungslos. Gesagt werden kann also: Das *Element* Kommunikation ist für sich genommen nichts anderes als eine 'unsichtbare' Operation, in die zwei psychische Systeme involviert sind.[27] Es ist ein Ereignis, das, um ein Ergebnis zu zeitigen, bewirken muß, daß ein zweites Element Kommunikation generiert wird. Wird eben dies bewirkt, dann wird aus dem *Element* Kommunikation ein selbstreferentieller *Prozeß*.

---

[26] Vgl. dazu die zuvor dargestellte parallele Konstruktion bezogen auf die Konstitution von Gedanken

[27] Natürlich ist 'sichtbar' bzw. hörbar, daß jemand spricht, dies aber ist per definitionem nicht das, was Luhmann unter Kommunikation versteht.

Selbstreferentiell ist dieser Prozeß deshalb zu nennen, weil im Verlauf des Aneinanderanschließens von kommunikativen Akten jeweils mitgeprüft wird, ob bzw. wie der vorausgegangene Kommunikationsakt verstanden worden ist. Nur wenn ein derart sich rekursiv absichernder Prozeß von Verstehensmöglichkeiten und Verstehenskontrollen entsteht, kommt nach Luhmann Kommunikation zustande. Kommunikation ist "Element nur als Element eines, wie immer minimalen, wie immer ephemeren Prozesses." (SS, 199) Ist das so, dann folgt daraus, "daß es für Kommunikation *kein entsprechendes Umweltkorrelat geben kann.*" (SS, 200) Was heißt: Kommunikation muß als ein eigenständig generiertes und sich eigenständig reproduzierendes Element verstanden werden, das nicht auf Bewußtseinsleistungen reduzierbar ist. Ist Kommunikation ein solch eigenständiges Element, das in sich selbst sozusagen einen Mechanismus eingebaut hat, der bewirkt, daß immer neue Elemente eigendynamisch generiert werden, dann müssen die Vernetzungen, die über Kommunikation zustandekommen, ebenfalls als eigenständige, und zwar als autopoietische Systeme verstanden werden. Derart konstruierte Systeme nennt Luhmann "soziale Systeme".[28]

Wenn soziale Systeme, also Kommunikationssysteme, als eigenständige autopoietische Geschehenszusammenhänge verstanden sind, dann heißt das natürlich nicht, daß es Kommunikation bzw. Sozialität ohne den Menschen geben kann. Auch für Luhmann gilt, daß Kommunikation ohne Bewußtsein nicht möglich ist, so wie für die Evolution von Bewußtsein Kommunikation notwendig war (vgl. WG, 38). Bewußtseinssysteme und Kommunikationssysteme als jeweils eigen-

---

[28] Luhmanns Definition lautet: "Ein soziales System kommt zustande, wenn immer ein autopoietischer Kommunikationszusammenhang entsteht und sich durch Einschränkung der geeigneten Kommunikationen gegen eine Umwelt abgrenzt. Soziale Systeme bestehen demnach nicht aus Menschen, auch nicht aus Handlungen, sondern aus Kommunikationen." (ÖK, 269)

ständige autopoietische Systeme zu verstehen, bedeutet nur, daß beide Systemarten *operativ* unterschiedlich konstituiert sind. Bewußtseinssysteme konstruieren ihre Wirklichkeit über Gedanken, Kommunikationssysteme über Kommunikation. In den Worten Luhmanns: "Es wird also nicht behauptet (um das Gegenkonzept zu nennen und auszuschließen), die Systeme des Bewußtseins und der Kommunikation existierten substantiell getrennt. Ihre Getrenntheit ist auch nicht zu vergleichen mit dem Nebeneinanderbestehen der Dinge im Raum (was einen Beobachter der Raumdinge voraussetzt). Ihre Trennung beruht vielmehr allein darauf, daß die rekursiven Netzwerke, mit deren Hilfe die Operationen, aus denen diese Systeme bestehen, reproduziert und identifiziert werden, verschieden sind und nicht überlappen. Selbst wenn daher Systeme Ereignisse teilen, zum Beispiel eine sprachliche Kommunikation immer auch Ereignis in einer Mehrheit von teilnehmenden Bewußtseinen ist, ändert das nichts an einer vollständigen Trennung der Systeme, weil das Ereignis von den jeweiligen Systemen im Hinblick auf jeweils andere eigene Ereignisse anders identifiziert wird." (WG, 37) Operative Unabhängigkeit bei gleichzeitigem Aufeinanderangewiesensein bedeutet: Bewußtseinssysteme und Kommunikationssysteme müssen als strukturell aneinander angekoppelt verstanden werden, und zwar mit allen Implikaten, die das Konzept strukturelle Kopplung beinhaltet. Also: Die strukturellen Kopplungen zwischen psychischen und sozialen Systemen sind für die Systeme selbst "*operativ unzugänglich*" (vgl. WG, 163). Man kann darüber reden oder auch schreiben, wie dies im Moment hier der Fall ist, dies aber setzt die Kopplung immer schon voraus, da alles, was individuell gedacht, gesprochen, geschrieben und gelesen wird, eingebettet ist in einen gerade *nicht* nur individuellen bzw. psychischen, sondern auch *sozialen* Kontext. Das ist das eine. Das andere ist: Eben dieser soziale Kontext wäre aber seinerseits nicht, gäbe es nicht die individuellen, psychischen und gedanklichen Operationen. Strukturelle Kopplung meint weiter, daß es keine Übertragungen aus einem Systemgeschehen in ein qualitativ anders konstituiertes Systemgeschehen gibt. Die Operationen des einen Systemtypus können vielmehr von einem anderen Systemtypus lediglich als Irritationen erfahren werden, die dann bewirken können, daß das irritierte System veranlaßt wird, eine Strukturveränderung vorzunehmen. Wie also eine mitgeteilte und aufgenommene Information im Bewußtsein des Informierten verarbeitet wird, dies ist im eigentlichen Sinne durch Kommunikation nicht beeinflußbar. Man kann seine kommunikativen Anstrengungen natürlich bis zum Versuch einer Art 'brain-washing' steigern, immer bleibt zum einen unbekannt und zum anderen kausal unbeeinfußbar, was der andere wirklich denkt. Alles 'Wissen', das man glaubt über den anderen zu besitzen, ist eigenständig konstruiertes Wissen, also gerade kein Wissen im Sinne des landläufigen Verständnisses. Dasselbe gilt, wie Luhmann insbesondere in seinem Werk "Wissenschaft der Gesellschaft" aufzeigt, für das Wissen der Wissenschaft. Alles "Wissen", das in einer gegebenen Gesellschaft zu einem gegebenen Zeitpunkt existiert, muß, wie er scheibt, als "das Gesamtresultat struktureller Kopplungen des Gesellschaftssystems" verstanden werden (vgl. WG, 163). In der Form von Wissen muß "ein mehrfaches Unzugänglichkeits- und Gleichzeitigkeitsverhältnis gebucht werden: das zwischen Kommunikation und Bewußtsein und das zwischen Bewußtsein und Gehirnen sowie das zwischen Gehirnen und deren Außenwelt ....." (WG, 164) Seine eigentliche Gestalt erhält das Ergebnis dieses gleichzeitigen, aber jeweils eigendynamischen Operierens von Gehirn, Bewußtsein und Kommunikation, genannt Wissen, ausschließlich im Rahmen von Kommunikationssystemen. Hier nämlich wird entschieden, an was angeschlossen und was dann weiter bearbeitet wird. Daß Wissen üblicherweise Menschen zugerechnet wird, muß nach Luhmann als eine Verarbeitungsform dieser Mehrstufigkeit der strukturellen Kopplungen verstanden werden. Mag diese Art der Verarbeitung auch irreführend sein, zu entgehen ist ihr gleichwohl nicht. In den Worten Luhmanns: "Auch wenn wir sagen können, daß es sich um eine Illusion handelt, können wir sie nicht vermeiden, sondern - ähnlich wie bei Wahrnehmungsillusionen - nur durchschauen und uns in der Theorieentwicklung davon unabhängig machen." (WG, 165)[29]

Will man sich nun das, was strukturelle Kopplung zwischen Bewußtseinssystemen und Kommunikationssystemen meint, etwas konkreter vorstellen, dann ist man auf das Phänomen Sprache verwiesen.[30] In diesem Zusammenhang ist dann zuerst einmal festzuhalten, daß Sprache die Unterscheidung von Mitteilung und Information, von der das Verstehen Egos und damit Kommunikation im Sinne Luhmanns abhängen, gleichsam erzwingt. Denn, "wenn man Sprache benutzt, kann man (anders als bei bloß wahrnehmbarem Verhalten) eine kommunikative Absicht nicht gut leugnen; zugleich kann es Gegenstand weiterer Kommunikation werden, worüber man gesprochen hat." (WG, 47) Sprache ermöglicht darüberhinaus eine hoch subtile Unterscheidungsfähigkeit sowie *gezielte* Anschlußfähigkeit, über die der Aufbau komplexer Strukturen in einem Kommunikationssystem überhaupt erst möglich wird. Denn nur aufgrund dessen, daß Sprache Codierung beinhaltet, ist sichergestellt, daß Alter und Ego die Unterscheidung In-

---

[29] Wir können sie deshalb nicht vermeiden, weil diese mehrstufigen Kopplungen als solche für uns *operativ* unzugänglich sind. Sie sind gleichsam als die Bedingung der Möglichkeit anzusehen, daß ist, was ist; oder anders ausgedrückt: Sie sind die Bedingung der Möglichkeit, daß die Kette: intransparente Außenwelt - intransparentes Gehirn - intransparentes Bewußtsein - intransparente Kommunikation in einem gleichwohl sichtbaren Phänomen, der "kognitiven Wirklichkeit" (Roth), endet.

[30] Vgl. zum folgenden Luhmann, N.: Wissenschaft der Gesellschaft, Frankfurt/M. 1990, S.47f.

formation/Mitteilung gleichsinnig handhaben können, daß Ego also beispielsweise Vater und nicht etwa Mutter versteht, wenn Alter Vater meint. Auf dieser Basis kann es gezielt und nicht zufällig weitergehen. Dies alles nun erklärt zwar die Bedeutsamkeit von Sprache für den Aufbau komplexer Strukturen in Kommunikationssystemen, aber nicht unbedingt deren Funktion für die strukturelle Kopplung von Bewußtsein und Kommunikation. Um deren diesbezügliche Funktion zu verstehen, muß man präziser klären, was Luhmann unter Sprache versteht.

Luhmann definiert Sprache im Rahmen der Unterscheidung von Medium und Form. Medium und Form werden von ihm analog der Wahrnehmungstheorie von Fritz Heider so definiert: "Medium in diesem Sinne ist jeder lose gekoppelte Zusammenhang von Elementen, der für Formung verfügbar ist, und Form ist die rigide Kopplung eben dieser Elemente, die sich durchsetzt, weil das Medium keinen Widerstand leistet." (WG, 53) Auf Sprache bezogen heißt das dann: Sprache ist als ein lose gekoppelter Zusammenhang von Zeichen zu verstehen, der sich eine rigide Kopplung, also die Formung von Sätzen, gefallen läßt. Diese Formung des Mediums Sprache geschieht sowohl über Bewußtsein als auch über Kommunikation - und zwar, und dies ist entscheidend, jeweils operativ eigenständig. Anders ausgedrückt: Sowohl denkend als auch kommunikativ kann eine rigidere Kopplung des lose gekoppelten Medienbestandes bewirkt werden (vgl. WG, 459). Wie aber hat man sich den lose gekoppelten Medienbestand vorzustellen? Die Antwort, die man bei Luhmann diesbezüglich findet, ist nicht sehr eindeutig. Einerseits betont er, daß bezogen auf Sprache ein materiales Substrat vorausgesetzt werden muß, andererseits aber lichtet er den Anker sofort wieder, an dem ein alteuropäisches Bewußtsein festmachen könnte, indem er betont: "Die Sprache besteht als ein Medium weder in der physischen Eigenschaft ihrer Zeichen noch in den Bewußtseinszuständen der Hörer und Sprecher oder Leser und Schreiber. Das Kommunikationssystem nutzt nicht schon ein vorhandenes Medium, sondern es produziert und reproduziert es in der eigenen Autopoiesis." (WG, 54) Theorieimmanent, so kann man hinzufügen, kann dies auch gar nicht anders sein. Gleichwohl ist es schwierig nachzuvollziehen, daß es das Kommunikationssystem sein soll, daß das Medium Sprache produziert. Bevor versucht wird, diese Annahme Luhmanns zu verstehen, sei ein diesen Sachverhalt betreffendes längeres Zitat angeführt. Unmittelbar im Anschluß an die zuvor zitierte Stelle, in der es um die Produktion und Reproduktion des Mediums Sprache durch das Kommunikationssystem geht, heißt es: "Die dabei vorausgesetzte Realität, die in der Kommunikation als lose Kopplung massenhafter Elemente behandelt, also als Medium konstituiert werden kann, besteht demnach nicht in der operativen Kopplung, die in den Bewußtseinssystemen deren eigendeterminierte Autopoiesis ermöglicht. Sie hat ihre Grundlage vielmehr darin, daß eine Vielzahl von strukturdeterminierten Bewußtseinssystemen jeweils operativ geschlossen und daher im Verhältnis zueinander nur akzidentell, nur okkasionell, nur lose gekoppelt operiert. Die operativ notwendige Trennung bei möglicher Kongruenz, vor allem des Wahrnehmens, bietet die Möglichkeit, Sprache als Medium zu konstituieren und in diesem Medium dann selbstgenerierte Formen, nämlich Sätze, zu bilden. Wenn das in der Umwelt der Bewußtseinssysteme durch die eigene Autopoiesis sozialer Systeme geschieht, kann davon ein Bindungseffekt auch für psychisches Bewußtsein ausgehen - zumindest in dem (sehr weitreichenden) Sinne, daß man die Realität des gesprochenen, geschriebenen, gedruckten Wortes als wahrnehmbares Faktum nicht so leicht leugnen wird. Ob das aber, was den Sinn betrifft, zu Zustimmung oder Ablehnung, zu unentschiedenem Schwanken, Verdrängen oder Vergessen führt und welche Erinnerungen und welche weiteren Bewußtseinsoperationen dadurch provoziert werden, bleibt wieder ausschließlich Sache des Einzelbewußtseins." (WG, 54f)

Wenn ich Luhmann recht verstehe, dann ist gemeint: Sprache als Substrat muß sozusagen in einer Rohform als vorhanden angenommen werden. In dieser (rohesten) Rohform ist Sprache irrelevant. Relevant als Medium wird Sprache erst, wenn sie in einen Kontext gerät, aus dem heraus Formung möglich ist. Ein solcher Kontext ist Kommunikation.[31] Also: Was immer der einzelne denkt und sprachlich artikuliert - es ist und bleibt seine Leistung, die einen anderen nur insofern berühren kann, als letzterer wahrnehmen kann, daß jemand etwas gesagt hat. Woraus folgt: Ohne Kommunikation im oben verstandenen Sinne bliebe jeder gesprochene Satz nichts anderes als eine Artikulation zusammengesetzter Laute. Erst Kommunikation, also die Unterscheidung von Information und Mitteilung, erlaubt es, die artikulierten Laute in eine Ordnung zu bringen, womit aus der Rohform Sprache das Medium Sprache wird, das nun weiter kommunikativ geformt werden kann, und das dann zurückwirken kann auf psychische Systeme. In diesem Sinne verstanden produziert und reproduziert das Kommunikationssystem tatsächlich das Medium Sprache. Es benutzt ein gleichsam unfertiges Rohmaterial (Laute) und formt es, indem es ein 'etwas' zu einer Information von 'jemandem' formt. Diese eigenständige Formung konstituiert dann eine Wirklichkeit sui generis. Für sie, also für die soziale Wirklichkeit, stellen die Bewußtseinssysteme Umwelt dar - mehr nicht, aber auch nicht weniger.

Reflektiert man nun, was im eigentlichen Sinne bei der Formung des Mediums Sprache durch Kommunikation geschieht, dann lautet die Antwort: es findet die Generierung von Sinn

[31] Auch denkend ist, zumindest in meinem Verständnis, eine Formung möglich. Diese gedankliche Formung erhält allerdings ihre eigentliche 'Gestalt' erst über Kommunikation.

statt.[32] Denn was geschieht, das ist eine Bestimmung des Hier und Jetzt in Abgrenzung zu einer Unendlichkeit von Möglichkeiten. Was geschieht, das ist die Errichtung einer Ordnung in der Welt über die Etablierung eines Formmoments: der Unterscheidung zwischen Aktualität und Potentialität - und eben das meint Sinn bei Luhmann.[33] Da diese Formung über Kommunikation geschieht, also über die sprachlich praktizierte Unterscheidung zwischen Information und Mitteilung und allem, was daraus folgt, kann Luhmann den Begriff Sinn subjektfrei konzipieren und soziale Systeme als eigenständig sinnverwendende und sinnproduzierende Systeme verstehen. Damit wird einerseits ein neues Verständnis des Sozialen als einer Realität sui generis gewonnen und andererseits wird dem Phänomen Sinn jetzt diejenige Position zugeschrieben, die zuvor vom 'animal sociale' besetzt gehalten wurde. In den Worten Luhmanns: "Es ist nicht die Eigenschaft einer besonderen Art von Lebewesen, es ist der Verweisungsreichtum von Sinn, der es möglich macht, Gesellschaftssysteme zu bilden, durch die Menschen Bewußtsein haben und leben können." (SS, 297f)

Fassen wir zusammen: Unsere Ausgangsfrage war, wie es denkbar sein soll, daß die in sich selbst eingeschlossenen und reziprok für einander intransparenten Bewußtseinssysteme zueinander in einen Kontakt treten können, der soziales Miteinander möglich macht. Die Antwort, die vorgestellt wurde, lautet: Es gibt kein Miteinander - im emphatischen Sinne verstanden. Gesellschaft entsteht geradezu als eine Art Kompensationsgeschehen für ein nicht mögliches 'Inter' bezogen auf

---

[32] Die Generierung von Sinn wird von Luhmann sehr viel differenzierter über die Operationen des "Kondensierens" und "Konfirmierens" abgeleitet. An dieser Stelle meiner Ausführungen kann darauf verzichtet werden. Vgl. dazu WG, 103ff und SA 5, 21ff.

[33] Vgl. Abschnitt II, 3 in dieser Arbeit

'Subjektivität'. Sozialität kommt zustande, um die Parallelität der Theoriekonstruktion in Bezug auf psychische Systeme und Kommunikationssysteme noch einmal deutlich zu machen, über ein eigenständiges Element - Kommunikation -, das in einem selbstreferentiellen autopoietischen Prozeß produziert und reproduziert wird. Kommunikation im Sinne der Inbezugsetzung unterschiedlicher psychischer Systeme zueinander ist dann zu verstehen als "das Prozessieren einer Unterscheidung als Unterscheidung - und zwar der Unterscheidung von Information und Mitteilung." (WG, 20f) Nur wenn die Beteiligten sich unter diesem Blickwinkel "beobachten", kommt Kommunikation zustande, tun sie das nicht, dann findet nur Wahrnehmung statt, aber nicht Kommunikation. Daraus folgt: Es gibt auch ein kommunikatives Beobachten bzw. auch soziale Systeme können als Beobachtungssysteme verstanden werden. Weiter gilt: Auch im Zusammenhang mit Kommunikation muß unterschieden werden zwischen Operation und Beobachtung. Die Unterscheidung von Information und Mitteilung ist auf der operativen Ebene ein Ereignis, das, wenn es stattfindet, auch schon im Verschwinden begriffen ist. Um dem Ereignischarakter entgegenwirken zu können, muß es auch in Bezug auf kommunikatives Operieren genuin zu einer Fortsetzung der (ersten) Operation kommen. Nur über das Fortsetzen der Operationen kann das (kommunikative) Bezeichnen innerhalb des Unterscheidens-und-Bezeichnens, das Beobachtung meint, gleichsam ein Ergebnis 'zeitigen'. Daraus wiederum folgt: Auch kommunikative Operationen sind nur möglich im Kontext eines Netzwerkes von Operationen desselben Typus, auf die sie vor- und zurückgreifen können. Anders ausgedrückt: Auch Kommunikation ist immer ein System - und zwar ein autopoietisches System. In diesem kommunikativen Prozeß entsteht, um auf den Ausgangspunkt zurückzukommen, ein 'Wissen' über den jeweils anderen, das wenig mit dem zu tun hat, was dieser andere von sich aus ist oder denkt, aber alles mit dem, was Ego bezogen auf Alter als Wissen über ihn konstruiert hat. Denkt man diesen Vorgang reziprok und generalisiert, dann hat man den Prozeß der kommunikativen Konstruktion von Wirklichkeit vor Augen, so wie Luhmann ihn konzipiert. Diese Wirklichkeitskonstruktion kommt nicht ohne die Beteiligung von Bewußtseinssystemen zustande, denn die Unterscheidung von Information und Mitteilung ist nur unter Benutzung kognitiver Operationen möglich; gleichwohl aber gilt, die Konstruktion selbst ist das Ergebnis kommunikativer Prozesse. Das Gesamtgeschehen dieser kommunikativen Prozesse nennen wir Gesellschaft.

4. Leben, Bewußtsein, Kommunikation - eine Zwischenbilanz

Das neueuropäische Denken basiert auf spezifischen biologischen Erfahrungen zur Natur des Kognitiven. Sie lassen sich mit Luhmann in dem Satz zusammenfassen: "Erkennen können nur geschlossene Systeme." (SA 5, 37) Schon die Wahrnehmung muß als ein Konstrukt verstanden werden, das aus den wechselnden Zuständen neurologischer Prozesse selbstreferentiell generiert wird und das folglich die Außenwelt in keinster Weise im Sinne eines wie auch immer subtil gedachten Abbildens oder Repräsentierens treffen kann. Letzteres gilt erst recht für all jene Phänomene, die unser Verstand, auf diesen Wahrnehmungen aufbauend, zu generieren in der Lage ist. Wenn das so ist, wenn uns also die Außenwelt auf jeder Ebene des Erkennens verschlossen bleibt, was erkennt man dann, wenn man meint, etwas zu erkennen? Oder noch einmal anders formuliert: Was geschieht, wenn wir zu erkennen vermeinen? Die Antwort bezogen auf die zuletzt gestellte Frage lautet, so man Luhmann folgt: "Alle Kognition ist Beobachtung, das heißt: Unterscheidung und Bezeichnung." (WG,

523) Das soll, wie verfolgt, heißen: Alles, was wir als unser Erkennen diagnostizieren, fußt darauf, daß wir die Welt, was immer das sein mag, mit Unterscheidungen "verletzen" (Luhmann).[34] Über das Setzen von Differenzen und über das Bezeichnen der jeweils einen Seite der vorgenommenen Unterscheidungen und nicht der anderen generieren wir Identitäten, also das, was uns dann fortan als in der Welt 'seiend' begegnet.

Die Operation Beobachtung für sich genommen ist, wie wir verfolgt haben, eine in Bezug auf die Umwelt 'blinde' Operation. Sie tut, was sie tut, und sonst nichts. Damit die Operation des Beobachtens gleichsam wirklichkeitsrelevant wird, bedarf es weiterer Operationen des gleichen Typus, die rekursiv aufeinander Bezug nehmen.[35] Dieses rekursiv aufeinander Bezugnehmen ist wiederum abhängig davon, daß es ein Medium gibt, welches das Bezeichnen im eigentlichen Sinne möglich macht. Dieses Medium ist die "binäre Schematisierung" bzw. die "binäre Codierung". Sie muß, so Luhmann, schon auf neurophysiologischer Ebene als wirksam gedacht werden. Im psychischen und sozialen Bereich ist Sprache dasjenige Medium, das über die Ja/Nein Codierung Möglichkeiten des Annehmens und Ablehnens bereitstellt (vgl. SA, 5, 45).

Wenn also Erkennen meint: Beobachtung von *eigenen* Operationen, die auf unterschiedlichen Ebenen und auf jeder dieser Ebenen jeweils selbstreferentiell geschlossen ablaufen,

---

[34] "Es muß vorausgesetzt werden, daß die Welt (was immer das ist) das Unterscheiden toleriert und daß sie je nachdem, durch welche Unterscheidung sie verletzt wird, die dadurch angeleiteten Beobachtungen und Beschreibungen auf verschiedene Weise irritiert." (WG , 93)

[35] Bezogen auf die Begriffsdefinition von Rekursivität gilt: "Rekursivität heißt: das Ergebnis von Operationen als Ausgangspunkt nehmen für den Anschluß weiterer Operationen desselben Typs. Wenn das ermöglicht wird, bildet sich ein System, das in einer Art offenem, nicht zeitgerichtetem Verfahren stabile Eigenzustände sucht." (WG, 321)

dann stellt sich die Frage, ob man in Anbetracht dieser Situation noch von 'dem Menschen' sprechen kann? Luhmann beantwortet diese Frage bekanntlich mit einem Nein. 'Den Menschen' gibt es nicht (vgl. SA 5, 53). Was es gibt, das ist ein Etwas, um alle alteuropäisch-philosophischen Konnotationen auszuschließen, das auf den verschiedensten Ebenen seines Seins/Tuns jeweils eigendynamisch 'seine' kognitive Wirklichkeit konstruiert. Was es dann weiter gibt, das sind, wie Luhmann schreibt, annähernd fünf Milliarden psychische Systeme (vgl. SA 5, 54), von denen, wenn man so sagen darf, fünf Milliarden Weltentwürfe kreiert werden. Ist das so, dann sind zwei Phänomene erklärungsbedürftig. Zum einen ist zu erklären, wie die Weltentwürfe der annähernd fünf Milliarden psychischen Systeme immerhin so aufeinander abgestimmt werden, daß ein Zusammenleben möglich ist. Zum anderen muß erstaunen, daß die unzähligen unterschiedlichen Konstruktionen, die die Welt per definitionem nicht zu treffen vermögen, sich als so stabil - und damit im weitesten Sinne verstanden doch irgendwie als passend - erweisen. Beide Fragen können nach Luhmann mit dem alteuropäischen Theorieinstrumentarium, demzufolge 'der Mensch' 'der Welt' gegenüber steht, nicht befriedigend beantwortet werden. Anders ausgedrückt: Geht man von biologisch-empirischen Erfahrungen und nicht von transzendentalen Annahmen hinsichtlich der Natur des Erkennens aus, dann verlangt diese Ausgangssituation nach einem neuen Theoriedesign, sollen die oben gestellten Fragen einer Beantwortung zugeführt werden.

In der System/Umwelt Theorie Luhmanns, die ein solch neues Theoriedesign darstellt, wird gleichsam in einem ersten Schritt dasjenige, das wir als 'Mensch' zu verstehen gelernt haben, dekonstruiert. Indem der Mensch als "Zusammenstand" eines lebenden, psychischen und kommunikativen Systemgeschehens verstanden ist, wird der Ausgangsannahme hinsichtlich der empirischen Natur des Erkennens insoweit

Rechnung getragen, als klargestellt ist, daß auf den verschiedenen Ebenen des menschlichen Seins/Tuns jeweils unterschiedliche, sich gegenseitig nicht determinierende Prozesse ablaufen. Über das Konzept "strukturelle Kopplung" werden dann beide Dimensionen des Erlebens und Erfahrens von Welt - operative Geschlossenheit auf den unterschiedlichen Ebenen des menschlichen Seins/Tuns einerseits sowie Aufeinanderangewiesensein der drei Ebenen andererseits - gleichermaßen erfaßbar. Statt 'den Menschen' gibt es also im Ansatz Luhmanns drei, über strukturelle Kopplung miteinander verbundene, autonome Systeme, die jeweils autonom *ihre* Informationen bezogen auf *ihre* Umwelt generieren. Womit die, Alteuropäer erst einmal verwirrende Annahme Luhmanns: " Es gibt mehrere empirische Grundlagen für Kognitionsprozesse..., insbesondere Leben, Bewußtsein und Kommunikation", durchaus plausibel wird (vgl. WG, 523).[36] Denn ein Beobachten eigener Operationen, und damit Erkennen im Sinne des hier vorgestellten Ansatzes, findet auf allen drei Ebenen des menschlichen Seins/Tuns statt, weshalb die Zurechnung von Erkennen auf 'den Menschen' als eine Konstruktion verstanden werden muß, die alltagsweltlich zwar nicht umgangen

[36] Zur Verdeutlichung der Position Luhmanns kann folgendes Zitat dienen:"Erkenntnis wird demnach durch Operationen des Beobachtens und des Aufzeichnens von Beobachtungen (Beschreiben) angefertigt. Das schließt Beobachten von Beobachtungen und Beschreiben von Beschreibungen ein. Beobachten findet immer dann statt, wenn etwas unterschieden und, in Abhängigkeit von der Unterscheidung, bezeichnet wird. Der Begriff ist indifferent gegen die Form der Autopoiesis des Systems, also indifferent dagegen, ob als Operationsform Leben oder Bewußtsein oder Kommunikation benutzt wird. Er ist auch indifferent gegen die Form der Aufzeichnung (Gedächtnis). Es kann sich um biochemische Fixierungen, es kann sich auch um schriftlich fixierte Texte handeln. Immer muß aber das Beobachten und Beschreiben selbst eine autopoietisch mögliche Operation sein, also Lebensvollzug oder aktuelles Bewußtsein oder Kommunikation, denn sonst würde sie nicht die Geschlossenheit und Differenz des erkennenden Systems reproduzieren, also nicht 'in' dem System stattfinden." (EK, 14 f)

werden kann, will man sich verständigen, die aber gleichwohl, zumindest theoretisch, als Konstruktion durchschaut werden kann. Durchschaut werden kann auch, so man Luhmann folgen will, wie es zu dieser Konstruktion 'der Mensch' bzw. wie es zu der Zurechnung des Erkennens auf 'den Menschen' evolutionär gekommen ist. Daß der andere als 'der' andere verstanden wird, gründet nach Luhmann im Phänomen Kommunikation bzw. präziser gesagt: in der sich evolutionär herauskristallisierenden Fähigkeit, eine Information von deren Mitteilung unterscheiden zu können. Hat sich diese Unterscheidung herauskristallisiert, entsteht über sie nicht nur das, was im Vorangegangenen als Kommunikation beschrieben wurde, sondern es entsteht auch der andere als ein Du, von dem her wiederum das Selbst erst als Selbst erfahren werden kann. Wenn, noch einmal anders ausgedrückt, Ego in der Lage ist zu verstehen, daß Alter eine Information mitteilt, dann ist der daraus unmittelbar folgende nächste Schritt die Unterscheidung zwischen der Mitteilung und dem Mitteilenden, womit der andere als Subjekt einer Handlung, wenn man so will, generiert ist. Aus der Unterscheidung von Mitteilung und Mitteilendem kann sich dann gleichsam naturwüchsig eine zweite Unterscheidung entwickeln: die von Subjekt und Objekt (vgl. SA 5, 56).[37] Für die Fortsetzung der Kommunikation genügt dann durchaus, wie Luhmann schreibt, "eine Art 'black box'-Konzept für das Subjekt und für das Objekt, sofern nur die Unterscheidung funktioniert. Man kann sich als Teilnehmer mit Eigenkonstruktionen behelfen und diese im Laufe der Kommunikationsteilnahme fortschreiben. Man braucht nicht zu wissen, was 'in' dem Subjekt vor sich geht (und kann dies natürlich auch nie wissen), und braucht auch nicht das (in sich unendliche) 'Wesen' der Dinge zu kennen. Es genügen Ausfül-

[37] Vgl. dazu auch Luhmann, N.: Wissenschaft der Gesellschaft, Ffm 1990, S. 18f.

lungen, die für die Fortsetzung der Kommunikation notwendig sind." (SA 5, 56) Genügten, evolutionär gesehen, "Ausfüllungen" dieser Grundunterscheidung Information/Mitteilung bzw. ist alles, was in die Welt gekommen ist, als "Ausfüllung" der black box Konzeption von Subjekt und Objekt zu verstehen, die ihrerseits eine Unterscheidung ist, die aus der Grundunterscheidung von Information und Mitteilung emergiert, dann ist in der Tat das, "was wir als Erkenntnis kennen, ... Produkt des Kommunikationssystems Gesellschaft, an dem Bewußtsein zwar jeweils aktuell, aber immer nur in minimalen Bruchteilen teilhat." (SA 5, 54) Die Genese von Kommunikation bzw. die Genese der Unterscheidung von Information und Mitteilung muß dann gleichsam als der 'Sündenfall' gelten, von dem aus das 'und sie erkannten sich' seinen Ausgang genommen hat. Am Anfang also war - noch einmal, diesmal auf kommunikatives Beobachten bzw. auf Sozialität bezogen - die Differenz: die Differenz von Information und Mitteilung.[38] Gilt dieses "Am Anfang war die Differenz von Information und Mitteilung", also Kommunikation, nicht nur phylogenetisch, sondern, wie die Arbeiten von Piaget nahelegen, auch ontogenetisch, dann verliert die oben gestellte Frage nach der reziproken Abstimmung der individuellen Weltentwürfe an Bedeutung. Denn letztere sind dann konstitutiv nicht so individuell zustandegekommen, wie wir alteuropäisch zu denken gewohnt sind; sie sind vielmehr von Anbeginn an gesellschaftlich geformt, also immer schon intersubjektiv abgestimmt, um es alteuropäisch auszudrücken.

---

[38] Auf die Frage, warum es zu Kommunikation mitsamt ihren Folgeerscheinungen gekommen ist, antwortet Luhmann, "daß sich die evolutionäre Durchsetzungskraft" der Unterscheidung von Information und Mitteilung erwiesen habe (vgl. SA 5, 56). Als Erklärung ist diese Antwort auch für Luhmann selbst unbefriedigend; als Trost bleibt ihm, "daß dies von einer *Unterscheidung* behauptet wird." (ebenda)

Zu beantworten bleibt die zweite der beiden oben angeführten Fragen: Wie ist zu verstehen, daß ein Erkennen, das per definitionem nicht in die Außenwelt "auszugreifen" vermag, gleichwohl insoweit funktioniert, daß Alteuropäer vom Erkenntnisfortschritt schwärmen können? Was überhaupt, um eine andere Frage einzuschieben, bleibt vom Begriff Erkennen noch übrig, wenn man ihn vor dem Hintergrund der operativen Geschlossenheit der Systeme zu verorten hat? In den Worten Luhmanns lautet die Antwort: "Erkennen ist das Realisieren kombinatorischer Gewinne auf der Basis der Ausdifferenzierung eines gegen seine Umwelt geschlossenen (aber eben: in ihr 'eingeschlossenen') Systems." (SA 5, 41) Anders ausgedrückt: Aus der "Multiplikation kombinatorischer Möglichkeiten" (vgl. SA 5, 51), die - und dies ist entscheidend - gerade dadurch erreicht wird, daß das System unbeeinflußt von einem Außen operiert, wird dasjenige konstituiert, das alteuropäisch Erkennen genannt wird. Mit wachsender Komplexität schließlich können Systeme eine Art "Eigenzustand" gewinnen (vgl. SA 5, 45), der, alteuropäisch gesprochen, dann den Sinnhorizont konstituiert, vor dem alle neuen Konstruktionen sich gleichsam zu legitimieren haben. Diese multikontextural konstruierten "Eigenzustände" - und damit kommen wir zur Beantwortung der oben angeführten Frage, inwiefern unser Erkennen trotz fehlenden Außenbezugs gleichwohl sich als erfolgreich bewähren konnte und kann -, müssen evolutionär als auf Bewährung angewiesen verstanden werden.[39] Wer-

[39] Da Beobachtungsoperationen reale Prozesse in einer realen Welt sind, sie also immer auch unter Beschränkungen durch diese Umwelt ablaufen, entsteht die Frage, "wie ein System es fertig bringt, solche *Beschränkungen* in *Bedingungen der Steigerung eigener Komplexität* umzuformen. Die *Nichtbeliebigkeit* von Erkenntnis wäre dann nichts anderes als die evolutionär kontrollierte *Selektivität* dieses Umformungsprozesses. Er setzt keine in die Umwelt ausgreifenden Operationen des Systems, also keine Erkenntnis im alten Sinne voraus. Statt dessen muß man postulieren: Alles, was bei diesem Prozeß der Umformung von Be-

den bestimmte Toleranzschwellen im Hinblick auf ein Passen/Nichtpassen bezogen auf das unbekannte Außen überschritten, zerfällt das System mitsamt *seiner* Umwelt - nicht aber natürlich die 'Welt', der "unmarked space". Wo aber liegen die Toleranzschwellen? Diese Frage verweist auf ein Problem, zugleich aber kann anhand dieser Frage auch das Erkenntnispotential des Luhmannschen Ansatzes verdeutlicht werden.

Die traditionelle "Leitdifferenz" (Luhmann), von der ausgehend wir uns der Welt erkenntnistheoretisch und alltagsweltlich kognitiv versichern, ist die Subjekt/Objekt Unterscheidung. Die Leitdifferenz, mit der Luhmann die Welt "verletzt", ist die von System/Umwelt. Beides sind Unterscheidungen, unter deren jeweiliger Prämisse der Aufbau einer kognitiven Wirklichkeit bewerkstelligt werden kann. Beide aber haben spezifische Implikate. Steht der Aufbau der kognitiven Wirklichkeit unter der Prämisse: hier der Mensch und dort die ihm zu erkennen aufgegebene Welt, dann wird, vermittelt über dasjenige, das Wissen im Rahmen dieser Denkgeste bedeutet, eine Sicherheit in Bezug auf unser Weltverständnis in eben diese Welt getragen, die, so man den Erfahrungen der cognitive sciences hinsichtlich der Natur des Erkennens folgt, äußerst trügerisch ist. Dieser trügerische Sinnhorizont läßt sich im Rahmen eines Denkens, das von der Leitdifferenz Subjekt/Objekt ausgeht, nicht vermeiden, wohl aber in einem, das mit der Leitdifferenz System/Umwelt beginnt. Ein solches Denken nämlich kann, indem es das Subjekt dekonstruiert und als Artefakt von Kommunikation ausweist, die Systemmreferenz auswechseln. Aus dem Subjekt, das der Welt gegenüberstehend gedacht ist, werden dann, wenn man so sagen darf, Kommunkationsprozesse, die alles, was es in der Welt gibt, einschließlich natürlich ihrer selbst, autopoietisch generieren.

---

schränkungen in Bedingungen der Steigerbarkeit herauskommt, ist für das jeweilige System Erkenntnis." (SA 5,52) Vgl. dazu auch: WG, 113f.

Damit aber wird das genaue Gegenteil von Sicherheit, nämlich eine fundamentale Bodenlosigkeit bezogen auf das Verhältnis von Mensch und Welt in eben diese Welt getragen. Ist alles, was wir wissen, als ein Produkt des Kommunikationssystems Gesellschaft verstanden (vgl. SA 5, 54), dann ist alles sogenannte Erkennen als gefangen in einem vorgänigen Geschehen verstanden, aus dem es konstitutiv kcin Ausscheren gibt. Jeder, auch der Erkenntnistheoretiker, der diese Situation zu reflektieren versucht, ist dann, wie Luhmann schreibt, so etwas wie eine "Ratte im Labyrinth und muß reflektieren, von welchem Platz aus er die anderen Ratten beobachtet." (EK, 24)[40] Im Unterschied zu einer Ratte im Labyrinth im Rahmen einer experimentellen Situation kann der Mensch aber die Situation zumindest in soweit begreifen, daß er sie als labyrinthisch verorten kann. Einen Ausweg nämlich gibt es: Wir können wissen, daß unser Wissen letztendlich Nicht-Wissen ist. Dann aber, also wenn wir im emphatischen Sinne zu realisieren vermöchten, daß wir die Toleranzschwellen, die bezogen auf das Nicht-Treffen von kognitiver Wirklichkeit und wirklicher Wirklichkeit existieren, konstitutiv nicht kennen können, sollte es möglich sein, eine andere Einstellung der Welt gegenüber zu entwickeln. Wir könnten beispielsweise dem Ratschlag Luhmanns folgen und "die Kommunikation mit der Kommunkation von Nicht-Wissen beginnen..., statt sie innerhalb und außerhalb von Organisationen an die Aufrechterhaltung eines 'illusion of control' zu binden" (vgl. BdM, 211f).

Ob der Vorschlag Luhmanns realistisch ist, sei dahingestellt; für unseren Zusammenhang bleibt festzuhalten, daß die

---

[40] Damit verändert sich natürlich auch der landläufig angenommene Status von Erkenntnistheorie. Sie kann nicht länger als Grundlegung der Wissenschaften verstanden werden, sondern sie muß geradezu als das Gegenteil einer solchen Grundlegung verstanden werden. "Sie reflektiert die Unsicherheit der Erkenntnis und bietet *dafür* (Herv. H.G.-H.) Gründe an" (SA 5, 58).

Antwort auf die Frage nach der Übereinstimmung unserer selbstreferentiell generierten Weltentwürfe mit der Welt im Sinne des "unmarked space" im Rahmen der Evolution und nicht am Schreibtisch oder mit Hilfe des Teilchenbeschleunigers entschieden wird. Denkbar wäre durchaus, daß die Evolution in einer Weise entscheidet, die uns nicht zusagen wird.[41]

Daß die Evolution unser "Könnens-Bewußtsein" als null und nichtig bescheiden könnte, dieser Gedanke ist heute von einer Vielzahl von Menschen nachvollziehbar. Die Stärke des Luhmannschen Ansatzes liegt darin, daß in ihm dieses Bewußtsein gleichsam auf den Begriff gebracht wird. Daß diese Theoric am Ende des Jahrhunderts und nicht an dessen Anfang formuliert wird, ist also nicht nur der 'späten Geburt' Luhmanns zuzuschreiben, sondern - im übrigen völlig theorieimmanent - dem Zustand unserer gesellschaftlichen Wirklichkeit geschuldet. Denn sind wir alle, der Alltagsmensch, der Theoretiker und auch der Erkenntnistheoretiker unent-

---

[41] Auch Luhmann weist jeden Optimismus hinsichtlich dessen, daß ein Erkennen, das konstitutiv nur mit sich selbst beschäftigt ist, langfristig sich als passend zu erweisen vermöchte, zurück. In 'Erkenntnis als Konstruktion' heißt es: "Erkenntnis ist nicht in einer 'beliebigen', sondern nur in einer dafür geeigneten Umwelt möglich. Das berechtigt uns jedoch nicht, daraus auf 'Anpassung' der Erkenntnis an die Realität zu schließen. Erst recht kann der evolutionäre Optimismus einer Selbstregulationskybernetik nicht mitvollzogen werden, die sowohl Leistungverbesserungen als auch Anpassung mit ein und demselben Modell zu erklären sucht. Jedenfalls machen wissenschaftliche Forschungen, gesehen im Kontext der Ökologie, eher den gegenteiligen Eindruck. Die Abweichung von dem, was vorgegeben zu sein scheint, nimmt ständig zu, da die Erkenntnis in immer kühneren Schwüngen sich selber korrigiert. Das ist - im Moment noch, würden heute manche sagen - real möglich; aber man könnte imstandesein, deutlicher und risikobewußter zu beschreiben, was da geschieht. Die Erkenntnis projiziert Unterscheidungen in eine Realität, die keine Unterscheidungen kennt. Sie gibt sich damit eine Freiheit, die ebenfalls nicht vorgesehen ist. Man würde heute nicht mehr annehmen, daß sie als Freiheit ursachelos operiert, denn auch das wäre ja ein Urteil über Attribution, also Erkenntnis. Aber man kann sich fragen, und eine Erkenntnistheorie sollte heute dazu in der Lage sein, welche Art Ordnung in einem solchen Prozeß fortgesetzter Abweichungsverstärkung erreichbar sein wird." (EK, 37f)

rinnbar in ein Geschehen eingeschlossen, das wir Gesellschaft nennen, und ist alles Wissen als Artefakt von Kommunikation zu verstehen, dann trifft letzteres natürlich auch auf dasjenige Wissen zu, das der Konstruktivismus bzw. Luhmann uns vermitteln. Dann muß der Tatbestand, daß heute bodenlos gedacht werden kann, dem Entwicklungsstand von Gesellschaft zugeschrieben werden. Eben dies ist auch die von Luhmann vertretende Position. Für ihn hat, wie verfolgt, die gesellschaftliche Entwicklung mit der Unterscheidung von Information und Mitteilung begonnen. Die daraus erwachsene Unterscheidung von Subjekt und Objekt stellt dann, evolutionär gesehen, gleichsam den ersten Entwicklungsschritt in einem Prozeß dar, in dem die Genese immer komplexerer und differenzierterer Kommunikationssysteme zur Konstruktion immer anspruchsvollerer Konzepte von Subjekt und Objekt führt (vgl. SA 5, 56). Ein zweiter Schritt in diesem Entwicklungsprozeß wird vollzogen, wenn die in die Subjekt/Objekt- Unterscheidung immanent eingelassene Frage nach der Verbindung der beiden Pole als unbeantwortbar fallen gelassen wird und das Subjekt als Autor allen Wissens in den Mittelpunkt des Interesses rückt. An diesem evolutionären Punkt angekommen, hat man gelernt, um mit Luhmann zu sprechen, "andere als Beobachter zu beobachten" (vgl. ebenda). Hat man dann, in einem gleichsam dritten Entwicklungsschub, auch noch gelernt zu beobachten, "daß andere nicht beobachten, was sie im Beobachten nicht beobachten", rückt nicht länger der Autor des Wissens, also das Subjekt, in den Mittelpunkt der Reflexion, sondern die Beobachtung selbst, also die Art und Weise, wie der Autor des Wissens letzteres konstruiert. Mit der politischen Ökonomie von Marx oder mit der Psychoanalyse Freuds beispielsweise werden solche Latenzbeobachtungen wissenschaftlich institutionalisiert. In der Begrifflichkeit Luhmanns handelt es sich bei solchen Latenzbeobachtungen um "Beobachtungen zweiter Ordnung".

Der Unterschied zwischen einer Beobachtung erster Ordnung und einer Beobachtung zweiter Ordnung liegt darin, daß über erstere "Etwasse" (Bateson) in die Welt kommen, also eine Welt von Objekten konstruiert wird, während die Beobachtung zweiter Ordnung sich diese Objekte von der Beobachtung erster Ordnung vorgeben läßt und sich auf das Wie deren Konstruktion konzentriert. Gehören zur Beobachtung erster Ordnung genuin Fragen des 'Was ist... - Typus', so sind für die Beobachtung zweiter Ordnung Fragen des 'Wie geschieht... - Typus' konstitutiv. Natürlich muß jede Beobachtung zweiter Ordnung immer auch als eine Beobachtung erster Ordnung gelten, denn auch sie muß unterscheiden-und-bezeichnen. Da sie aber nicht die Welt "verletzt", sondern ein Etwas, das schon gleichsam in der Welt ist, unter dem Blickwinkel betrachtet, wie es in die Welt gekommen ist, kann sie sich die Freiheit nehmen, das Gegebene anders zu identifizieren, andere Unterscheidungen zu verwenden, von anderen Gegenbegriffen her zu interpretieren, kurz: Dasselbe als Nichtdasselbe zu behandeln (vgl. SA 5, 20). Dasselbe kann deshalb als Nichtdasselbe behandelt werden, weil seine Genese durchschaut wird; weil durchschaut wird, daß eine Unterscheidung, von der die eine Seite bezeichnet wurde und nicht die andere, der Grund dafür ist, daß das Objekt ist, was es ist. Dies zu beobachten, bedeutet zu erfassen, daß, wäre die andere Seite der Unterscheidung gewählt bzw. eine andere Unterscheidung benutzt worden, ein anderes Objekt konstituiert worden wäre. Konzentriert sich also ein Beobachter auf das Beobachten anderer Beobachter bzw. auf das Wie deren Beobachtens, dann kann er zum einen sehen, daß alle Identitäten generiert werden, also konstitutiv kontingent sind. Zum anderen sieht ein Beobachter zweiter Ordnung, insofern er sich auf das Wie des Beobachtens eines anderen Beobachters konzentriert, dessen "blinden Fleck", also die von dem beobachteten Beobachter benutzte Unterscheidung, die diesem konstitutiv im Akt des

Unterscheidens nicht verfügbar ist. Der Beobachter zweiter Ordnung sieht also mehr, aber er produziert kein - zumindest immanent entscheidbar - besseres Wissen. Denn auch der Beobachter zweiter Ordnung muß operieren, muß also eine Unterscheidung benutzen, die ihm selbst im Akt des Unterscheidens konstitutiv nicht anders als operativ verfügbar ist,[42] womit auch er seinen blinden Fleck hat, der wiederum von einem anderen Beobachter gesehen werden kann, aber nicht ohne daß letzterer selbst auch wieder - als Beobachter erster Ordnung - einen eigenen blinden Fleck produziert ... und so endlos weiter.

Daß dem (im operativen Akt selbst nicht reflektierbaren) Setzen einer Unterscheidung konstitutiv nicht zu entgehen ist bedeutet, daß es Wahrheit im Sinne eines abschließenden Urteilens für uns nicht geben kann. Wahr/unwahr ist eine Unterscheidung wie jede andere auch; man kann sie verwenden, man kann es aber auch sein lassen.[43] Wenn man sie verwendet, beobachtet man die Welt unter eben diesem Blickwinkel, womit ein spezifisches Interesse zum Ausdruck gebracht wird - mehr nicht.

---

[42] Nur operativ verfügbar zu sein, soll heißen: Eine Unterscheidung kann, während sie benutzt wird, nicht zugleich reflektiert werden. Sie stellt ja die Bedingung der Möglichkeit der Operation dar, weshalb sie immer nur sein kann, was sie ist - da sonst nichts wäre.

[43] In den Worten Luhmanns: "Das Beobachten ist der operative Vollzug einer Unterscheidung durch Bezeichnung der einen (und nicht der anderen) Seite. Es ist nichts weiter als dieser operative Vollzug. Das heißt unter anderem: *daß die Beobachtung selbst nicht in der Lage ist, in ihrem Vollzug wahr und unwahr zu unterscheiden*. Sie tut, was sie tut. Das schließt es nicht aus, auch die Unterscheidung wahr/unwahr (wie immer konditioniert) als Unterscheidung zu verwenden. Wie jede Unterscheidung eignet sich auch diese dazu, eine Beobachtung zu strukturieren, mit der dann etwas als wahr (und nicht als unwahr) bezeichnet wird oder umgekehrt. Aber auch dann gilt, daß die Operation des Beobachtens sich in ihrem Vollzug nicht selbst als wahr bzw. unwahr bezeichnen kann, sondern daß dies voraussetzt, daß nun diese Beobachtung ihrerseits beobachtet wird." (WG, 84f)

Nun mag das alles möglicherweise nicht sehr revolutionär klingen, denn spätestens in dem Moment, in dem der Alltagsmensch die dritte wissenschaftliche Theorie hinsichtlich der Bedingungen der Genese beispielsweise von Krebs zur Kenntnis zu nehmen hat, oder wenn der wissenschaftlich Interessierte erfährt, daß es nicht eine, sondern mehrere Theorien hinsichtlich dessen gibt, was Wahrheit sein könnte, sind beide species gezwungen, das Konzept wahr/unwahr mit Vorsicht zu behandeln. Interessanterweise aber hindert diese Erfahrung beide Vertreter der Gattung Mensch im allgemeinen nicht, an der Auffassung festzuhalten, daß es zwar bis jetzt noch nicht gelungen sei, die Wahrheit bezogen auf ein Etwas in der Welt zu finden, daß es aber - zumindest prinzipiell - doch so etwas wie ein Annähern an eben diese Wahrheit, was immer sie sein möge, geben müsse. Diesen Anker, an dem die meisten von uns ihren Kahn des Nichtwissens festmachen, lichtet das Konzept der Beobachtung zweiter Ordnung. Sie kann erklären, warum es die Wahrheit bezogen auf irgendetwas in der Welt nicht nur bis jetzt nicht gegeben hat, sondern auch nie geben wird. Was es gegeben hat und weiter geben wird, das ist sozusagen ein breiterer Blickwinkel, ein besseres Beobachten des Beobachtens. Zu dieser Sichtweise der Dinge kommt die Beobachtung zweiter Ordnung, weil sie, und das ist das genuin Neue dieses Ansatzes, der Operation des Beobachtens theoretisch den Vorrang vor dem Beobachter einräumt.[44] Am Anfang ist die Unterscheidung: Die Beobachtung erster Ordnung benutzt sie gleichsam noch naiv, die Beobachtung zweiter Ordnung kann diese Naivität nicht mehr ungebrochen durchhalten. Denn die Besonderheit der Beobachtung zweiter Ordnung liegt in deren "autologischer Komponente", also darin, "daß sie aus der Beobachtung ihres Gegenstandes Schlüs-

---

[44] Die Entscheidung Luhmanns, eine System/Umwelt-Theorie zu konzipieren, ist nichts anderes als die Operationalisierung dieser Annahme.

se auf sich selbst ziehen muß." (SA 5, 15f.) Sie muß sich, anders ausgedrückt, gleichsam eingestehen, daß andere Beobachter, die sie beobachten, das gleiche an ihr beobachten werden, das sie bei anderen beobachtet - und das ist: daß zu jeder Unterscheidung ein blinder Fleck gehört. Dies sich einzugestehen, bedeutet zwar nicht, dem eigenen blinden Fleck entgehen zu können, wohl aber, ihn in das eigene Kalkül mit aufnehmen zu können.[45] Was die Beobachtung zweiter Ordnung dann in ihr Kalkül letztlich mit aufzunehmen hat, das ist, daß auch das Beobachten von Beobachtern nicht zu besserem, sondern nur zu anderem Wissen führt.

Wer oder was ist nun diese Beobachtung zweiter Ordnung, von der so subjekthaft bei Luhmann und auch hier die Rede ist? Die Antwort lautet: Die Beobachtung zweiter Ordnung ist eine spezifische Sichtweise, die gesellschaftlich möglich wird, wenn ein bestimmter Grad an funktionaler Differenzierung erreicht ist. Mit funktionaler Differenzierung wiederum ist der Tatbestand beschrieben, daß sich in modernen Gesellschaften Teilsysteme auskristallisieren, die, einmal etabliert, für die Lösung spezifischer gesellschaftlicher Probleme mehr oder weniger ausschließlich zuständig sind. Evolutionär gesehen denkt Luhmann diesen Prozeß der gesellschaftlichen Differenzierung so, daß er annimmt, daß in einem ersten Schritt der Entwicklung spezifische Leitdifferenzen entstehen, die dann sehr schnell in einem zweiten Schritt zur Genese entsprechender Funktionssysteme führen.[46] Solche binär codierten Funktionscodes sind beispielsweise Wahrheit/Unwahrheit, Recht/Un-

---

[45] Aus der Sicht der Beobachtung zweiter Ordnung verändert sich dann gleichsam der Kontext, in dem alles Beobachten stattfindet: "Die Welt wird als eine sich beobachtende Welt zum Thema" (WG, 87).

[46] Vgl. zum Konzept der "binären Codierung" insbesondere den Aufsatz: Distinctions directrices. Über Codierung von Semantiken und Systemen, in: SA 4, 13ff, sowie in der Abhandlung 'Ökologische Kommunikation' die Seiten 75ff.

recht, Macht/Nichtmacht, Eigentum-bzw. Geld-Haben oder Nichthaben, um nur einige zu nennen. Die diesen Codes entsprechenden Teilsysteme sind, wie unschwer zu erraten, Wissenschaft, Recht, Politk bzw. Wirtschaft. Die Funktion der Codes, die Luhmann als "Zusatzeinrichtungen zur Sprache" versteht, ist es: "verständlich und plausibel (zu) machen, daß in bestimmter Weise erlebt und gehandelt wird, obwohl - oder sogar: gerade weil - auch anderes möglich ist." (SA 2, 184) Die Sondercodes entstehen also vor dem Hintergrund des Kontingenzproblems. Es sind letztlich Einrichtungen, die es erlauben, unbestimmte Kontingenz in bestimmbare Kontingenz zu überführen (vgl. ebenda).[47] Entscheidend für das Verständnis der Probleme funktionaler Differenzierung und damit der Probleme der Moderne ist nun, daß über die Transformierung von unbestimmter in bestimmbare Kontingenz gesamtgesellschaftlich gesehen das Kontingenzproblem nicht diminuiert, sondern vergrößert wird. Insofern nämlich jedes Teilsystem die Welt unter einem ganz spezifischen, nur für es selbst relevanten Blickwinkel bearbeitet, sich also um andere mögliche Sichtweisen nicht zu kümmern braucht, erhöht sich jeweils system*intern* das Potential des Möglichen, also die Kontingenz. Da dies für alle Teilsysteme zutrifft, wächst gesamtgesellschaftlich gesehen der Bereich des Möglichen ins Unermeßliche, ohne - und das ist entscheidend - daß es in der Gesellschaft eine Instanz, ein Prinzip, geben könnte, das diese Möglichkeitsspielräume zu integrieren vermöchte. Denn funktionale Differenzierung heißt ja gerade, daß das Gesamtsystem in Teilsysteme, die jeweils autonom operieren, ausdifferenziert

---

[47] Die Wissenschaft beispielsweise überführt diffuses Nichtwissen in artikulierbares, begründbares und kritisierbares Wissen bzw. Nichtwissen, womit eine Entwicklung etabliert wird, innerhalb derer immer weitere Bereiche dem bloßen Möglichkeitshorizont gleichsam entrissen und in den Horizont des Realisierbaren überführt werden.

ist, womit ausgeschlossen ist, daß ein Funktionscode bzw. ein Teilsystem beanspruchen könnte, das Gesamtsystem zu repräsentieren. Es kann auch - und damit kommen wir zu unserer eigentlichen Fragestellung zurück - keine theoretische Integration der systemspezifischen Selbstbeschreibungen geben, welche die Systeme von ihrem Tun anfertigen. Die Teilsysteme beschreiben und reflektieren ihr Tun in jeweils für sie spezifischen Beobachtungen erster, zweiter - und dritter - Ordnung,[48] und erklären derart autonom, was für sie jeweils Wirklichkeit einerseits und eigene Identität andererseits heißen soll.

Es ist eben diese Situation der autonomen sytemspezifischen Selbstbeschreibungen, die in der konstruktivistischen Erkenntnistheorie reflektiert wird. In einem Zitat Luhmanns heißt es dazu: "Wenn eine Gesellschaft sich Wissenschaft im modernen Sinne leistet, stellen sich Reflexionsprobleme, die nur noch konstruktivistisch zu lösen sind - was immer man in dieser Gesellschaft üblicherweise von der Welt hält, in der man wohnt und arbeitet, Straßenbahn fährt und Zigaretten raucht." (SA 5, 57) Zu der konstruktivistischen Lösung der Reflexionsprobleme der modernen Gesellschaft gehört dann auch die Genese einer Sichtweise, die es dem Menschen ermöglicht, seinen Subjektstatus als ein bloßes Konstrukt zu durchschauen; nämlich als ein Konstrukt zur Gewährleistung der Fortsetzung anschlußfähiger Kommunikation. Kann man eben dies, indem man Luhmann folgt, durchschauen, hat man sich allerdings nicht nur weit von dem entfernt, was "üblicherweise" in der Gesellschaft gedacht wird, sondern auch von dem, was alltagsweltlich möglich ist. Womit das Ergebnis der zuvor vorgestellten Überlegungen sich als paradoxal erweist: Nach Luhmann erzwingt die evolutionär sich als durchsetzungsfähig erwiesen habende Unterscheidung von Information und

---

[48] Zum Konzept "Beobachtung dritter Ordnung" vgl. Abschnitt IV 3 in dieser Arbeit.

Mitteilung, also Kommunikation, die Konstruktion des Subjekts als eines Trägers, dem jene Operationen zugeschrieben werden, die wir mit Luhmann Beobachtungen genannt haben. Zugleich erzeugt die Kommunikation - ebenfalls evolutionär - die Mittel, nämlich eine Erkenntnistheorie bzw. die differenztheoretische Sichtweise, über die das Konstrukt seinen Status als Konstrukt entschlüsseln kann - ohne, und das ist der entscheidende Punkt, daß das Konstrukt Subjekt auf die Illusion zu sein, was es gerade nicht ist, im Denken und Handeln verzichten zu können vermöchte. Noch einmal anders formuliert: Die 'neueuropäische' Sichtweise mutet dem Menschen zu, zu begreifen, daß er nicht ist, was er glauben muß, zu sein: nämlich Subjekt im alteuropäischen Sinne.[49]

Daß diese Zwischenbilanz mit einer im Grunde paradoxalen Feststellung endet, ist nicht zufällig und auch nicht ephemer, sondern verweist auf den eigentlichen Kern der Erfahrungen, die man macht, wenn man Luhmanns Denken nachzuvollziehen versucht. Sie lassen sich zusammenfassen in dem Satz: Am Anfang ist das Paradox.

[49] Gerhard Roth sieht die Denkgeste des 'Ich denke etwas' konstitutiv als nicht zu überwinden an - was immer die Biologie dazu zu sagen hat. Zu der von uns konstitutiv vorgenommenen Unterscheidung zwischen Geist und Materie heißt es bei ihm "....innerhalb seiner ontogenetischen Selbstdifferenzierung verwendet das kognitive System des Gehirns außerordentliche Mühe darin, eine 'materielle' Umwelt und einen 'materiellen 'Körper zu konstituieren und einem 'immateriellen' Geist entgegenzusetzen, denn es ist für das Überleben des Organismus und seinen Handlungserfolg außerordentlich wichtig, daß Umwelt, Körper und mentale Akte nicht verwechselt werden! Der von uns als so elementar erfahrene Gegensatz von Materie und Geist, von Gegenständen und Denken, ist ein vom kognitiven System erschaffener Gegensatz. Er läßt sich, da ontogenetisch überaus stark verfestigt, auch nicht durch Anschauung und Denken wieder beseitigen". (Roth 1988, 97f.)

IV. Am Anfang ist das Paradox

1. "Ich sehe was, was Du nicht siehst" - erster Teil

Die Überschrift, einem bekannten Kinderspiel entlehnt und im übrigen auch von Luhmann bei einem seiner Aufsätze als Titel verwendet, artikuliert auf eine sehr präzise Weise den Kern dessen, was als Ergebnis einer Beobachtung zweiter Ordnung zu gelten hat.[50] Die Beobachtung zweiter Ordnung sieht etwas, das die Beobachtung erster Ordnung konstitutiv nicht sehen kann: deren "blinden Fleck". Den blinden Fleck eines (anderen) Beobachters zu sehen, ist aber nur die eine, gleichsam harmlose Seite der Medaille. Weniger harmlos ist, was die Beobachtung zweiter Ordnung, um bei dem Bild zu bleiben, auf der anderen Seite der Medaille sieht. Auf dieser Seite stellt sich ihr dasjenige dar, das den blinden Fleck zum blinden Fleck werden läßt - und dieses wiederum ist ein paradoxes Geschehen, das sich in unterschiedlicher Weise entschlüsseln läßt.[51]

Die erste sozusagen grundlegende Paradoxie liegt in der "doppeldifferentiellen" Operationsweise allen Beobachtens:

---

[50] Vgl. Soziologische Aufklärung 5, S.228

[51] Luhmann versteht unter einer Paradoxie "nicht unbedingt nur ein logisches Problem ..., sondern ein Beobachtungshindernis; daß etwas zugleich wahr und falsch ist, zugleich Recht und Unrecht ist, also zugleich beide Seiten einer Unterscheidung aktualisieren will, zugleich einfach und komplex, zugleich groß und klein ist." (1991d, 839) In eben diesem Sinne, also in dem Sinne, daß das Paradox eine Denkkrise signalisiert, die durch Widersprüchlichkeiten ausgelöst wird (vgl. Geyer, 1992, 11), soll der Begriff im folgenden verwendet werden.

Das Beobachten *produziert* eine Unterscheidung, indem es eine Unterscheidung *verwendet* (vgl. WG, 492). Also: Alles Beobachten muß von einer Unterscheidung ausgehen, muß sie sich sozusagen selbst geben, um überhaupt sein zu können. Das Beobachten wird aber, wie behandelt, nur dadurch zu einem Beobachten in einem vollen Sinne, daß eine der beiden Seiten der verwendeten Unterscheidung - und nicht die andere - bezeichnet wird. Nur also über eine zweite, interne Unterscheidung, nämlich der zwischen verwendeter Unterscheidung und deren Bezeichnung (einer Seite), wird die Form Beobachtung in ihrer eigentlichen Gestalt konstituiert. Dieses Geschehen, das hier aus heuristischen Gründen - und weil anders darüber nicht klar zu sprechen ist - zeitlich auseinandergezogen beschrieben wird (erst die Unterscheidung und dann die Unterscheidung von Unterscheidung und Bezeichnung), findet nun aber gerade nicht zeitlich versetzt, sondern in einem Durchgang statt - eine Vorstellung, die, wenn man sie überhaupt, im emphatischen Sinne verstanden, denken kann, nur als paradoxal zu bezeichnen ist. In eben dieser Weise wird sie auch von Luhmann verortet: "Beobachten ist," wie er schreibt, "eine paradoxe Operation. Sie aktualisiert eine Zweiheit als Einheit, in einem Zuge sozusagen. Und sie beruht auf der Unterscheidung von Unterscheidung und Bezeichnung, aktualisiert also eine Unterscheidung, die in sich selbst wieder vorkommt." (WG, 95) Noch einmal anders formuliert: Unterscheiden und Bezeichnen sind zwei Operationen und *zugleich* eine Operation. Insofern zu einer Unterscheidung konstitutiv zwei Seiten gehören, muß gelten, daß bei der Operation Beobachten gleichzeitig zwei Seiten *gegeben*, aber nicht gleichzeitig *benutzbar* sind, denn letzteres, also das Benutzen der *beiden* Seiten, würde die Unterscheidung und mit ihr deren Beobachtungsstatus annulieren (vgl. SA 5, 100). Die beiden Seiten der Unterscheidung sind also sowohl gleichzeitig als auch in einem vorher/nachher Verhältnis gegeben - eine für uns paradoxe Vorstellung. Das ist die erste, sozusagen grundlegende Ausgangsparadoxie des Beobachtens.

Reflektiert man diese paradoxe Grundkonstitution des Beobachtens, dann läßt sie sich auch in dem Sinne interpretieren, daß sie "die Gleichzeitigkeit des Ungleichzeitigen in Operation setzt" (vgl. WG, 103). Denn Beobachten ist immer eine Operation. Eine Operation wiederum ist, wie wir wissen, ein Ereignis, das mit seinem Vorkommen schon wieder vergeht und nicht wiederholt werden kann. Was anders ausgedrückt heißt: Auf der operativen Ebene geschieht immer nur, was geschieht; und was geschieht, geschieht momenthaft. Als Operation - und als was sonst sollte es verstanden werden - geschieht das Beobachten also momenthaft. Das kann natürlich nur ein Beobachter beschreiben, für den - und das ist entscheidend - die gleichen Bedingungen gelten (vgl. WG, 104). Also: Auch der Beobachter des Beobachtens operiert momenthaft - und zwar in genau dem gleichen Moment, in dem alle anderen Beobachter operieren, in dem alles Geschehen überhaupt in der Welt abläuft. Daraus folgt: Auf der operativen Ebene gibt es nur Gleichzeitigkeit. Alles Geschehen in der Welt geschieht in eben dem Moment, in dem es geschieht - nicht vorher und nicht nachher. Bliebe es bei dieser Gleichzeitigkeit des Geschehens, wären Einflußnahme und Strukturbildung, welcher Art auch immer, ausgeschlossen; die Welt stellte sich als ein operatives Chaos dar. Indem es aber zu gezielten Vernetzungen kommt (über das Bezeichnen im Rahmen der Beobachtungsoperation), über die, wie wir verfolgt haben, Selbstbeobachtung und das heißt: Systembildung möglich wird, erfährt die Gleichzeitigkeit des Geschehens eine Strukturierung. Die Vernetzungen wiederum, die stattfinden, sind kein zufälliges Zusatzgeschehen, sondern sie haben als konstitutives Moment des Beobachtens zu gelten. Denn: Der Beobachter ist immer ein System. Das wiederum bedeutet: "Was nicht beobachtet werden kann, kann beobachtet werden - wenngleich nur mit

Hilfe eines Schemawechsels, also mit Hilfe von Zeit." (WG, 91) Erst über, wenn man so sagen darf, Zeitverbrauch wird Selbstbeobachtung möglich, kommen "Etwasse" in die Welt, womit das blinde gleichzeitige Geschehen allen Operierens hierarchisiert und somit Strukturbildung möglich wird. Das paradoxe Fazit, das ein Beobachter zweiter Ordnung ziehen kann, lautet also: Alles ist gleichzeitig und zugleich nicht gleichzeitig - oder: zwischen Operation und Beobachtung ist zu unterscheiden und ist (letztlich) nicht zu unterscheiden.

Der Beobachter zweiter Ordnung kann, wenn er will, aus diesem Fazit weitere Schlüsse ziehen. Beispielsweise kann er sich klar machen, daß die grenzstiftende "Zwei-Seiten-Form Unterscheidung" einerseits nicht zuläßt, daß ihre beiden Seiten, die gleichzeitig gegeben sind, auch gleichzeitig benutzt werden, daß aber andererseits zugleich gerade dadurch die Möglichkeit erzeugt wird, von der einen Seite zur anderen überzugehen. Dazu aber, also um innerhalb der Grenze von der einen Seite zur anderen zu kommen, wird, wie wir gesehen haben, Zeit benötigt. Dies wird von Luhmann so interpretiert: Zum einen muß Zeit als das Konstrukt eines Beobachters verstanden werden; sie ist nichts anderes als ein Beobachtungsschema (vgl. SA 5, 114). Zum anderen gilt: Zeit muß als paradox konstituiert, nämlich als Gleichzeitigkeit des Ungleichzeitigen aufgefaßt werden (vgl. SA 5, 100). Der Beobachter als System "entfaltet" diese Paradoxie in ein vorher/nachher bzw. dies/das-Schema - und eben dies macht ihn allererst zu dem, was er ist - zum Beobachter.[52]

An der Ausgangssituation des Beobachtens läßt sich noch eine weitere Paradoxiegestalt ablesen: Verfährt alles Beobachten doppeldifferentiell, indem es eine Unterscheidung verwendet und diese im gleichen Operationsmoment benutzt, um sich von ihr zu unterscheiden, dann bezieht sich jedes Beobachten

[52] Vgl. dazu den folgenden Abschnitt in dieser Arbeit.

konstitutiv und immer schon bzw. immer nur auf eine Unterscheidung. Es muß also einerseits immer schon eine Unterscheidung, wenn man so sagen darf, in der Welt existent sein, damit mit einem Beobachten begonnen werden kann, andererseits hat es das Beobachten immer nur mit sich selbst zu tun, also mit der es konstituierenden Unterscheidung, und nie mit einem außerhalb seiner selbst. Was die Überlegung anbetrifft, daß es immer schon eine Unterscheidung geben muß, damit es ein Beobachten geben kann, was ja - zumindest für Alteuropäer - die Frage nach der Bedingung der Möglichkeit einer *ersten* Unterscheidung evoziert, so heißt es bei Luhmann knapp und bündig: "Eine erste Unterscheidung kann nur operativ eingeführt, nicht ihrerseits beobachtet (unterschieden) werden." (WG, 80)[53] Was allerdings beobachtet werden kann - immer im Rahmen einer Beobachtung zweiter Ordnung - das ist, daß wir es hier mit einer weiteren Dimension der paradoxalen Grundsituation des Beobachtens zu tun haben. Jede Beobachtung, oder präziser: jedes Bezeichnen bezieht sich auf die Welt - und kann sich auf sie gar nicht beziehen. Denn einerseits suggeriert jede Bezeichnung, daß das Bezeichnete ein seiendes und gerade nicht ein nur konstruiertes Phänomen in der Welt darstellt, andererseits aber kann, insofern Bezeichnen meint, sich von einer operativ eingeführten Unterscheidung zu unterscheiden, dasjenige, auf das sich die Beobachtung (Bezeichnung) bezieht, immer nur die verwendete Unterscheidung und konstitutiv nichts anderes sein. Anders und alteuropäisch formuliert: Aller Suche nach Erkenntnis liegt die Motivation zu Grunde, die Wirklichkeit begreifen zu wollen - warum sonst sollte nach Erkenntnis gestrebt werden? - , und zu-

[53] Korrekterweise sei angemerkt, daß der zitierte Satz bei Luhmann in einem Kontext steht, in dem es nicht um die von mir angesprochene ontologische Ebene, sondern allein um die operative Ebene des Aufbaus von Beobachtungssystemen geht.

gleich ist das, wovon das Streben nach Erkenntnis gleichsam lebt, gegenstandslos - eine Illusion.

Nimmt man ernst, daß die letzte Ebene, auf die wir uns beziehen können, das Beobachten des Beobachtens ist,[54] und ist das, was sich dort darstellt, nur als paradox (für den Beobachter zweiter Ordnung) zu verorten, dann gilt es, "das Paradox als Letztformel zu akzeptieren" (vgl. WG, 520). Damit ist, so Luhmann, kein Urteil über die Welt abgegeben - um dies noch einmal zu betonen -, wohl aber eines über unseren Umgang mit der Welt, oder präziser: über unsere Fähigkeiten, das, was geschieht, beurteilen zu können. Noch einmal alteuropäisch formuliert: Was immer die Welt sein mag, wir werden es nie wissen. Was wir als letztes Wissen wissen können, das ist, daß unser (erkenntnismäßiger) Umgang mit eben dieser Welt von einem Beobachter zweiter Ordnung nur als paradoxal verortet werden kann.

2. "Ich sehe was, was Du nicht siehst" - zweiter Teil

Der Beobachter zweiter Ordnung sieht, wenn er das Beobachten beobachtet, nicht nur Paradoxien, sondern er sieht auch, wie mit diesen Paradoxien umgegangen wird. Prinzipiell gilt: Eine Paradoxie bewirkt aufgrund der sie konstituierenden Antinomie bei demjenigen, der mit ihr konfrontiert ist, so etwas wie eine Blockade bezogen auf ein mögliches Fortsetzen des Operierens. An was soll angeschlossen werden, wenn etwas als so und zugleich als dessen Gegenteil sich darstellt? Para-

---

[54] Es gibt noch eine Beobachtung dritter Ordnung. Als Beobachtung dritter Ordnung bezeichnet Luhmann die Reflexion dessen, was auf der Ebene zweiter Ordnung geschieht. Vgl. dazu unten S. 112ff

doxien müssen also, damit keine Blockierungen entstehen, eliminiert, zumindest aber unsichtbar gemacht werden.

Den ersten, grundlegenden Mechanismus, über den das Beobachten seine es konstituierende Paradoxie "entfaltet", haben wir bereits kennengelernt: Zeit. Als Beobachtung, also als System, hat das Beobachten über die Einführung von Zeit in das Geschehen die eigene paradoxe Konstitution immer schon im Sinne einer Entparadoxierung bearbeitet. Denn indem der Beobachter die beiden Seiten der Unterscheidung über die Implementierung von Zeit in ein vorher/nachher-Verhältnis überführt, wird das paradoxale Verhältnis von gleichzeitig gegeben und nicht-gegeben, das, wäre es für den Beobachter gleichzeitig sichtbar, dessen Operieren ins "Oszillieren" bringen würde, unsichtbar gemacht, womit Anschlußmöglichkeiten generiert werden. Für das Beobachten als Operation gilt, alles geschieht gleichzeitig. Für das Beobachten im Sinne des Beobachters bzw. der Beobachtung gilt: *erst* links, *dann* rechts; *erst* dies, *dann* das. Alles Beobachten hat sich als Beobachtung also immer schon auf eine Seite geschlagen, sich entschieden und somit die Paradoxie des "alles-auf-einmal" für sich entfaltet. Der Beobachter als System kann sich aufs Weitermachen konzentrieren, indem er an das anschließt, das bezeichnet wurde. In den Worten Luhmanns: "An die Stelle der für das System unsichtbaren, weil paradoxen Einheit tritt die Rekursivität, die Führung der Operationen durch die Resultate der Operationen oder, auf der Ebene des Beobachtens, die Führung des Beobachtens durch die Resultate des Beobachtens." (1991c, 61) Etwas an die Stelle von etwas zu setzen bzw. etwas unsichtbar zu machen, heißt natürlich nicht, dasjenige, das invisibilisiert wird - die paradoxe Ausgangssituation -, zu eliminieren. Noch einmal Luhmann: "Im Ergebnis kommt dabei nicht eine logische Bereinigung der Weltprobleme heraus, sondern der Aufbau kognitiver Komplexität - wozu immer." (ebenda)

Vor dem Hintergrund von Zeit und im Kontext von Entparadoxierung bekommt dann auch dasjenige, das man als *sachliche* Dimension unseres Weltverständnisses bezeichnen kann, ein gleichsam neues Antlitz. In der Beobachtung erster Ordnung, jener grundlegenden Operationsbasis, über die wir unsere Alltagswelt konstruieren, erscheinen uns die Dinge als "fraglos" gegeben, wie es bei Husserl heißt. Der Beobachter erster Ordnung konzentriert sich, wie wir wissen, auf das Bezeichnen und kreiert derart dasjenige, das fortan als seiend erfahren werden kann. Der Beobachter zweiter Ordnung, der die paradoxe Ausgangssituation des Beobachtens gleichsam vor Augen hat, sieht anderes. Er sieht, daß die Zentrierung des Beobachters erster Ordnung auf dasjenige, das er bezeichnet, eine Strategie ist, über die dieser die ihn konstituierende Paradoxie von Zweiheit als Einheit sich selbst verschleiert. Das, was dem Beobachter erster Ordnung "fraglos" gegeben zu sein scheint, ist, so sieht es der Beobachter zweiter Ordnung, weder gegeben noch gar fraglos gegeben. Es ist vielmehr konstruiert und als Konstruktion nur die eine Seite eines Geschehens, dessen andere Seite gesehen werden müßte, aber nie gesehen werden kann, sollte der Konstruktionscharakter der Objektkonstitution für den Beobachter erster Ordnung als durchschaubar gedacht werden können. Das ist das eine. Das andere ist: Auch die Objektkonstruktion ist, wie die Zeitkonstruktion, eine Strategie, über die es dem Beobachter gelingt, den Ereignischarakter der Operation und die, wenn man so will, Flüchtigkeit seines Seins/Tuns zu überwinden, womit Stabilität und Dauer in die Alltagswelt kommt.[55] Ein weiteres ist: Die Ob-

---

[55] Bezogen auf unsere alltägliche Sicht der Dinge folgt daraus allerdings, daß wir konstitutiv umdenken müssen. Denn folgt man Luhmann, so gilt: "Alle Objektpermanenz muß auf der Basis von Zeitunterschieden konstruiert werden, und dies kann operativ nur in jeweils aktuellen Beobachtungen geschehen, die im Entstehen schon wieder verschwinden." (WG, 105) Nimmt man diese sozusagen konstitutive Labilität alles Konstanten ernst, so folgt daraus eine fundamentale

jektkonstruktion ist eine Strategie, mit Hilfe derer die das Beobachten immanent konstituierende Paradoxie "entfaltet" wird.

Bezogen auf die Alltagswelt ist evolutionär gesehen, neben der Genese von Zeit, der in gewisser Weise ein Sonderstatus zukommt, der Genese einer Differenzierung nach Sachen, eine besondere Bedeutung zuzuschreiben. Denn eine Welt, in der es keine zeitliche und sachliche Unterschiedenheit gäbe, wäre nur als eine Welt der Strukturlosigkeit und der Unbeeinflußbarkeit zu denken. Soll ein Umgehen mit der Welt überhaupt möglich sein, muß Unterschiedlichkeit, also im Kern Hierarchisierung in eben diese Welt implementierbar sein. Eben diese Implementierung einer Hierarchisierung leistet die Beobachtung. Über die Bezeichnung der einen Seite ihres 'Seins' hat sie dies, indem sie sich von sich selbst unterscheidet, immer schon getan. Indem sie sich auf eine der beiden, sie konstituierenden Seiten der Unterscheidung bezieht und diese bezeichnet, konstituiert sie ein Etwas, womit sie ihr Operieren sowohl zeitlich als auch sachlich hierarchisiert - und damit entparadoxiert: *erst* dies, *dann* das; erst *dies*, dann *das*.[56] Zeit-

Dynamisierung unserer Erfahrung von Welt. In den Worten Luhmanns: "Gemessen an den Vorurteilen unserer ontologisch-metaphysischen Tradition wird damit eine entsetzliche, und vor allem: eine ganz unglaubwürdige Unruhe in die Welt hineingetragen - in eine Welt, die wir doch immer unter der doppelten Form des Gleichzeitigen und des Konstanten erleben. Eben diese Doppelform läßt sich aber angesichts der Zeitlichkeit aller Operationen nicht begründen, oder genauer: nur als Konstruktion eines Beobachters begründen, der anderes Beobachten beobachtet. Im primären Beobachten ist das Gleichzeitige ja nur gleichzeitig, während das Beobachten läuft; und nur wenn dieses Beobachten beobachtet wird (was auch im selben System geschehen kann), kann seine Aktualität als eine solche der Zeit, das heißt als eine mit Zukunft und Vergangenheit unterschieden und bezeichnet werden." (ebenda)

[56] "Zeit in dem uns vertrauten Sinne", so Luhmann, "entsteht mithin zur Kompensation jener Verkürzung der Aktualität, mit der das Gleichzeitige limitiert und die Unbeeinflußbarkeit der Welt negiert wird. Die Limitierung des Aktuell-Gleichzeitigen zieht, mit anderen Worten, um sich herum Grenzen, auf deren anderer Seite etwas im Moment Inaktuelles vorgesehen werden kann." (WG, 104)

liche und sachliche Differenzierung, und in unserem Zusammenhang heißt das: Entparadoxierung auf der zeitlichen und auf der sachlichen Ebene, gehören also im Grunde zusammen. Man kann das anders formulieren: Ohne Zeit, deshalb wurde zuvor von deren Sonderstatus gesprochen, läuft, um es alltagssprachlich auszudrücken, gar nichts. Dies vorausgesetzt, ist die Entparadoxierung auf der Sachebene der zweite wichtigste Mechanismus, um die Gleichzeitigkeit des Geschehens bearbeitbar zu machen.

Die Wichtigkeit, die einer Hierarchisierung des operativen Geschehens zukommt, soll am Beispiel der binären Codierung gesellschaftlicher Funktionssysteme noch einmal verdeutlicht werden. Der binäre Code nämlich macht explizit, was in der zeitlichen und sachlichen Entparadoxierung der Beobachtung impliziert ist: die Einführung von Werthaftigkeit (und damit Struktur) in ein an sich völlig wertfreies Geschehen. Die binäre Codierung schließt an die Grundstrategie des Beobachtens (Bezeichnens), sich auf eine Seite zu schlagen, an und verdoppelt die Referenz auf Werte (vgl. WG, 196). Sie stellt also für eine Unterscheidung bzw. für deren bezeichnete Seite zwei Werte zur Verfügung, zum Beispiel den Wert wahr/unwahr. Dadurch wird insbesondere zweierlei erreicht: Zum einen "werden Annahmen über die Welt, in der man immer schon kommuniziert hat, entkoppelt. Alles kann wahr oder unwahr sein, und man muß jetzt nach Formen suchen, die zufällige Zuordnungen ausschließen ..." (ebenda) Daß dies über die Ausdifferenzierung spezialisierter Systeme am besten bewerkstelligt werden kann, liegt auf der Hand. Zum anderen, und das ist in unserem Zusammenhang das Entscheidende, verschleiert die binäre Codierung dasjenige Problem, das als konstitutiv in jede Beobachtung eingeht: die unbeantwortbare Frage nach der "Einheit der Differenz", in unserem Zusammenhang also die Frage nach der Einheit der Differenz von wahr/unwahr. Indem beispielsweise das gesellschaftliche

Funktionssystem Wissenschaft alle seine Operationen den Werten wahr/unwahr zuordnet, klammert es einerseits andere relevante Fragen aus, womit ein Aufbau hoher Komlexität im System überhaupt erst möglich wird, andererseits invisibilisiert das System Wissenschaft sich durch eben diese Zuordnungsstrategie ein Problem, das, würde es sich ihm stellen, sein Tun ins Oszillieren bringen würde. Invisibilisiert und ausgeklammert aufgrund dieser Strategie wird nämlich die Frage nach dem, alteuropäisch formuliert, was Wahrheit zu Wahrheit und damit Unwahrheit zu Unwahrheit macht. In den Worten Luhmanns: "Der Code überführt die Paradoxie (indem er sie invisibilisiert) in eine besser handhabbare Unterscheidung, die ein eindeutiges und umkehrbares Exklusionsverhältnis postuliert. Die Hölle mag eine Enklave im Himmel sein oder jedenfalls eine himmlische Institution, der Teufel ist ein gefallender Engel, aber Wahrheit ist nicht unwahr und Unwahres nicht wahr." (WG, 196f) Gewonnen wird mit dieser Strategie eine "technische Erleichterung", von einem Wert zum anderen Wert überzugehen, und - vor allem - eine Konzentrierung auf eben diese Aufgaben bzw. auf Fragen der Zuordnung von Operationen zu dem einen oder zu dem anderen Wert. Spezifischen Programmen, bezogen auf Wissenschaft handelt es sich um Theorien und Methoden, kommt dann die Funktion einer Klärung dessen zu, wie mit den Codewerten umzugehen ist - womit die Frage nach demjenigen, das den Code und damit das System zu begründen vermöchte, ein weiteresmal ins Abseits gerückt wird. Indem die Wissenschaft 'weiß', daß es in ihr nur um Wahrheit/Unwahrheit gehen kann, hat sie die lästige Frage nach der Einheit dieser Differenz immer schon erfolgreich verdrängt; sie hat, anders ausgedrückt, das sie begründende Paradox für sich bzw. für ihr Operieren unschädlich gemacht. Daß es wieder auftaucht, spätestens auf der Ebene der Metatheorie, muß die Wissenschaft nicht kümmern - diese Ebene berührt immer schon die der Philosophie und was von dieser zu halten ist, weiß ein ordentlicher Wissenschaftler.

Es bleibt, eine dritte Ebene der Entparadoxierung jenes Grundmechanismus, über den wir unsere Welt aufbauen, des Beobachtens also, ins Visier zu nehmen: die *soziale*. Konstitutives Moment des Sozialen, so wie wir Sozialität alteuropäisch erfahren, ist, daß wir unsere Welt immer schon mit anderen, die wir als unser alter Ego erfahren, teilen, so daß wir notwendigerweise aufgerufen sind, uns mit diesen anderen, wie auch immer, zu verständigen. Daß es so etwas wie eine intersubjektive Verständigungsmöglichkeit geben muß, ist deshalb nicht erst seit Jürgen Habermas ein zentraler Topos der Soziologie. Für Niklas Luhmann ist, wie wir verfolgt haben, diese Vorstellung eine gleichsam alteuropäische Chimäre, die ausgedient hat. Für ihn gilt: So wie der Tatbestand, daß wir unsere Welt als eine zeitlich strukturierte und als eine nach Sachen differenzierte erfahren, dem Phänomen Paradoxieentfaltung zu verdanken ist, so ist auch die Erfahrung des Anderen als alter Ego sowie die der intersubjektiven Verständigungsmöglichkeit eben diesem Vorgang geschuldet. Ursprünglich, wenn man so sagen darf, gibt es nur psychische System, die für einander intransparente black boxes darstellen. Anders ausgedrückt: Reziprokes Verstehen kann es nicht geben, müßte es aber geben können, soll eine erfolgreiche Bezugnahme aufeinander denkbar sein. Diese Situation, also die Situation des Sich-nicht-verstehen-könnens versus des Sich-verstehen-müssens, wird, wie wir gesehen haben, dadurch entschärft, daß sich ein eigenständiger Bereich herauskristallisiert, der der Kommunikation. Der Operationsmodus dieses Bereichs ist "kommunikatives Beobachten". Auch kommunikatives Beobachten ist, wie wir verfolgt haben, paradox konstituiert. Diese paradoxe Konstitution wird bekanntlich über das Unterscheiden zwischen Information und Mitteilung "entfaltet". Es ist nun im Rahmen dieser "Entfaltung" der Paradoxie des kommunikativen Beobachtens, daß, so Luhmann, evolutionär gesehen die Vorstellung "Subjekt" bzw. "alter Ego" sich entwickeln kann. Kann Ego nämlich 'verstehen', daß die von Alter geäußerten Laute eine an ihn gerichtete Mitteilung darstellen, dann lernt er auch verstehen, daß es ein 'jemand' ist, der die Information mitteilt. Für Luhmann gilt deshalb, "daß es die Teilnahme an Kommunikation ist, die es nach ausrcichender Einübungszeit sinnvoll macht, ein alter Ego zu unterstellen, um Erfahrungen kondensieren zu können." (WG, 19) Ist die Vorstellung eines alter Ego erst einmal entstanden, kann im Verlauf der weiteren Enwicklung auch die Möglichkeit entstehen, sich auf das "Beobachten des Beobachters" zu konzentrieren. Am Anfang dieser folgenreichen Entwicklung steht die Kommunikation bzw. die Notwendigkeit, die paradoxe Konstitution des kommunikativen Beobachtens unsichtbar zu machen.

3. Beobachten als paradoxe Operation - und was daraus folgt

Der Beobachter "erster Ordnung" tut, was er tut: Er unterscheidet und bezeichnet. Insofern er tut, was er tut, ist es ihm verwehrt, die sein Tun konstituierende Paradoxie erfahren zu können. Er kann nicht sehen, was er nicht sehen kann - seinen "blinden Fleck". Erst im Rahmen einer Beobachtung "zweiter Ordnung", also im Rahmen einer Beobachtung des Beobachtens kann die allem Beobachten immanente Paradoxie - zu sehen und nicht zusehen - ins Blickfeld kommen, womit die Frage nach dem "autologischen Schluß" thematisch wird. Im Klartext: Der Beobachter zweiter Ordnung, der ja immer auch ein Beobachter erster Ordnung und damit partiell selbst blind ist, muß sich fragen, welche Konsequenzen er aus der Zurkenntnisnahme dessen, was er sieht, und das ist der "blinde

Fleck" des anderen, zu ziehen hat. Stellt man sich dieser Frage, so "faßt man", wie Luhmann bezogen auf den Status von Reflexionstheorien schreibt, "auf einer dritten und wohl letzten Beobachtungsebene Fuß. Hier sieht man die Unterscheidungsabhänigkeit allen Wissens und damit auch die Latenz, auf die man sich im operativen Gebrauch von Unterscheidungen einlassen muß. Hier dekonstruiert man dann, auf ihren blinden Fleck hinweisend, die Ontologie und mit ihr jede Hierarchisierung des Besserwissens." (WG, 509f). Die Beobachtung "dritter Ordnung" entspricht also demjenigen, das man alteuropäisch Metatheorie nennen würde. Jede Theorie, die ihre Grundkategorien zu begründen versucht, muß immer auch Metatheorie sein; sie muß, anders ausgedrückt, ihr spezifisches Procedere reflektieren. Auch Luhmanns Theorie ist - im Grunde primär - Metatheorie, denn sie richtet ihren Blick ja nicht nur auf das Beobachten der anderen, also zum Beispiel auf das Operieren spezifischer gesellschaftlicher Subsysteme, sondern das Theoriedesign stellt dem eigenen Anspruch nach den großangelegten Versuch dar, das "alteuropäische", also ontologische Denken, zumindest auf der Ebene der Konstruktion von Theorie, zu überwinden. Die Reflexion des eigenen theoretischen Tuns muß deshalb zentrales Moment des Luhmannschen Denkens sein, weshalb eben diese Seite seines Schaffens auch im Zentrum der hier vorliegenden Arbeit steht. Als Ergebnis unseres spezifisch zentrierten Nach-Denkens von Luhmann und als Ergebnis seiner Theorie als Beobachtung dritter Ordnung galt und gilt: Am Anfang ist das Paradox. Was bleibt ist, über diese Aussage zusammenfassend nachzudenken.

Zuerst einmal gilt: Der Satz, 'Am Anfang ist das Paradox', ist keine Aussage über das Sein des Seienden, sondern es ist eine Aussage über die Art und Weise, wie wir Licht in das Dunkel unserer Welt bringen. Weshalb aber muß, so könnte gefragt werden, die Welt als dunkel bzw. weshalb muß eine

Implementierung von Licht vorgestellt werden, wenn man die Erkenntnissituation vor Augen hat? Weil, so könnte die Antwort lauten, die alte gnostische Redewendung auf bildhafte Weise und deshalb sehr anschaulich deutlich macht, was es bedeutet, in eben der Welt eingeschlossen zu sein, die zu erforschen wir uns aufgerufen fühlen. Anders ausgedrückt: Nur von außen könnten wir einen Blick auf die Welt werfen, wir leben aber nicht außerhalb, sondern innerhalb der Welt - und letzteres ist zudem die Bedingung der Möglichkeit unserer Existenz und damit all unseres Tuns. Für dieses, die Erkenntnis konstituierende Paradox, das die Philosophie seit ihren Anfängen beschäftigt hat, findet Luhmann eine neue Bearbeitungsform. Ein erster Schritt auf dem Weg, eine neue Bearbeitungsform für dieses Problem zu finden, besteht darin, daß Luhmann die paradoxe Ausgangssituation radikal ernstnimmt. Nimmt man nun aber ernst, daß wir nicht außerhalb dessen sein können, in das wir eingeschlossen sind, daß wir es aber sein müßten, um Aussagen über die Welt machen zu können - und realisiert man, daß diese in sich widersprüchliche Situation uns ganz offensichtlich nicht daran hindert, gleichwohl Aussagen über die Welt zu machen, dann bringt dieses bloße Ernstnehmen der paradoxen Situation schon ein Ergebnis. Wir müssen nämlich annehmen, daß es so etwas wie einen Mechanismus geben muß, der es uns ermöglicht, mit dieser Paradoxie so umzugehen, daß sie uns nicht blockiert. Luhmann entschlüsselt diesen Mechanismus als den der Unterscheidung. Letztere ist sozusagen das Vekikel, über das wir uns aus der Welt, aus der wir uns nicht hinausstehlen können, gleichwohl in gewisser Weise doch hinausstehlen. Das Spezifikum der Unterscheidung liegt nämlich darin, daß sie eine Grenze zieht. Das Markieren einer Grenze wiederum bewirkt, daß die Ganzheit, in die alles und jeder eingeschlossen ist, gleichsam in zwei Teile geteilt wird: in hüben und drüben, in, je nach Verortung bzw. Bezeichnung, drinnen und draussen (z.B. System und Umwelt, Ich und Welt etc.).[57] Und nur bzw. erst über das Errichten einer Grenze kann das, was oben als Licht im Dunkel der Welt bezeichnet wurde, in Existenz gebracht werden. Ohne Grenzziehung, also ohne Unterscheidung (und Bezeichnung), gäbe es (für uns) nicht die Welt, nicht das Subjekt; es gäbe im Buchstabensinne nichts, also auch kein Nichts, insofern es als Gegensatz zu einem Sein gedacht ist, und wie anders sollten wir ein Nichts denken können. Weshalb der von Luhmann verwendete Ausdruck Spencer Browns für den Status der Welt vor irgendeinem Unterscheiden - "unmarked space" bzw. "unmarked state" - nicht nur im Sinne eines gleichsam unberührten, aber existierenden Terrains, sondern im Sinne desjenigen gedacht werden sollte, für das in der Zen-Philosophie die Begriffe "Leere" bzw. "Absolutes Nichts" stehen. Es handelt sich also um eine Wirklichkeit, die, wenn man so sagen darf, vor allem Unterscheiden, vor allem Sein/Nichtsein, vor jeder Implementierung eines formenden Moments zu verorten ist bzw. vorsichtiger ausgedrückt: zu verorten versucht werden muß. Ohne Unterscheidung bliebe das Dunkel der Welt, wie es ist - eben dunkel. Dies ist mit der Aussage gemeint: Am Anfang ist die Differenz. Und weil die Unterscheidung, mit der angefangen wird, immer gesetzt werden muß, kann Luhmann anders anfangen als alteuropäisch üblich. Nicht Subjekt/Objekt ist die Leitdifferenz, auf der er seine Theorie aufbaut, sondern System/Umwelt.

Die Unterscheidung selbst nun ist, wie wir hinreichend verfolgt haben, eine "Zwei-Seiten-Form", die aber in dieser Gestalt nie das Licht der Welt erblickt, sondern von der, über ein

[57] Den fundierenden Status der Unterscheidungsoperation kann man sich gut an folgender Überlegung verdeutlichen: Wann immer wir uns als Ich verorten, haben wir immer schon unterschieden - zwischen uns und den anderen, zwischen uns und wem oder was auch immer. Alles Denken im Subjekt/Objekt-Schema, also unser aller Denken, bewegt sich demnach immer schon in einem Feld, das durch eine vorgängige Unterscheidung konstituiert ist.

internes Unterscheiden des Unterscheidens, immer nur die eine der beiden Seiten bezeichnet und damit sichtbar wird. Es sind also, einfach ausgedrückt, zwei Seiten notwendig, damit eine Seite als ein Etwas in die Welt kommen kann; diese zwei Seiten bleiben als Einheit aber konstitutiv im Dunkeln. Im Dunkeln bleibt, alteuropäisch ausgedrückt, der Grund, weshalb etwas als so und nicht anders ausgegeben wird - und dies gilt absolut.[58] Wir können gleichsam im Nachhinein unser

---

[58] Ein plastisches Beispiel für die Unabschließbarkeit allen Erkennens liefern die kategorialen Begründungsprobleme wissenschaftlicher Theoriebildung. In der Soziologie beispielsweise gibt es bekanntlich nicht eine Theorie von Gesellschaft, sondern eine Mehrzahl von unterschiedlichen theoretischen Ansätzen, mit denen die Gesellschaft zu entschlüsseln versucht wird. Will man nun erklären, warum das so ist, besteht eine Lösung, die sich alteuropäisch gesehen anbietet, darin, auf entsprechende Metatheorien zu verweisen, aus denen die Grundbegriffe der verschiedenen Ansätze als abgeleitet verstanden werden können. Damit aber ist das Begründungsproblem nicht gelöst, sondern nur verschoben, denn es taucht selbstverständlich auf der Meta-Ebene erneut auf. Was heißt, daß eine Meta-Meta-Ebene bemüht werden muß, und dies endlos so weiter. Der einzig wirkliche Ausweg liegt letztlich darin, die Augen vor dem Begründungsproblem zu verschließen und zu sagen: So ist es eben, weiteres Nachfragen mag interessant sein, es bleibt aber auf jeden Fall ohne Erfolg. So spricht bzw. handelt der Beobachter erster Ordnung und so handelt auch noch der Beobachter zweiter Ordnung, also der Wissenschaftler, da er sonst eben gar nicht zu handeln vermöchte. Anders ausgedrückt: Das Verschließen der Augen vor dem "blinden Fleck" des eigenen Operierens ist die Bedingung der Möglichkeit, daß nicht Stagnation, sondern Kontinuität im Denken und Handeln stattfindet. Derart kann, auf die Soziologie bezogen, der Marxist Marxist, der Symbolische Interaktionist Interaktionist und der Weberianer Anhänger von Weber bleiben. Auch der Anhänger von Luhmann verfährt nicht anders und kann derart unbelasteterweise bleiben, was zu sein er sich entschlossen hat - Anhänger des differenztheoretischen Denkens. Erst wenn der Luhmann-Anhänger sein Denken im System/Umwelt-Schema reflektiert, also sich fragt, was es bedeutet, daß die Grundkategorien der Theorie, die er vertritt, Selbstreferentialität und Autopoesis sind, stellt sich für ihn die Begründungsproblematik konstitutiv anders dar als für die Anhänger alteuropäischer Theorierichtungen. Die Theorie Luhmanns nimmt, wie wir verfolgt haben, dieses Problem gleichsam in ihr design auf, um es derart, im Sinne des "re-entry" Konzepts, kreativ "in Gebrauch nehmen" zu können. Damit wird die Unendlichkeit bzw. Unmöglichkeit des Begründens von Erkennen nicht gelöst, wohl aber wird mit ihr - so man Luhmann folgen kann - produktiv umgegangen.

Denken und Tun reflektieren; als Beobachter erster Ordnung aber, die wir immer sind, "verletzen " wir die Welt, ohne daß wir zu begründen vermöchten, warum wir das auf eben diese Weise und keine andere tun.[59]

Trotzdem machen wir und werden wir weiterhin Aussagen über die Dinge in der Welt machen, so als ob wir wüßten, was wir tun. Und eben dies, also gleichsam das Dennoch, das unser Weitermachen auszeichnet, wird durch die Unterscheidungsoperation selbst erzwungen - und zwar aufgrund zweier, ihr inhärenter Merkmale. Zum einen ist die Unterscheidungsoperation in ihrer paradoxen Form, Zweiheit und Einheit in einem Zuge zu realisieren, durch einen, wie zuvor in dieser Arbeit formuliert wurde, konstitutiven Mangel gekennzeichnet. Sie kann nicht sein, was sie ist, ohne daß ein Fortsetzen der Operation stattfindet. Zum anderen hat sie, wenn der konstitutive Mangel an eigener Seinsmöglichkeit das Weitermachen gleichsam erzwungen hat, ihren "blinden Fleck" immer schon invisibilisiert und damit für das Fortsetzen der Operationen unschädlich gemacht. Alteuropäisch bedeutet das: Im Sinne von 'hier stehe ich und kann nicht anders' müssen wir die Welt mit Begriffen belegen und können der Illusion, ihrer derart habhaft zu werden, nicht entgehen - obschon wir nicht erst seit Luhmann wissen, daß Begriffe "instrumentelle Werkzeuge" (Adorno) sind, die das, was sie zu treffen vorgeben, im eigentlichen Sinne nicht zu treffen vermögen.

Wenn sich, da Unterscheidungen gesetzt, also kontingent sind, die Aussagen, die wir über die Welt machen, gar nicht auf die Welt beziehen können, dann bleibt zu fragen, auf was

---

[59] In den Worten Luhmanns: "Eine erste Unterscheidung kann nur operativ eingeführt, nicht ihrerseits beobachtet (unterschieden) werden. Alles Unterscheiden von Unterscheidungen setzt diese ja voraus, kann nur nachher erfolgen, erfordert also Zeit bzw., in anderen Worten, ein in Operation befindliches autopoietisches System. Und alle Rationalisierung ist deshalb Postrationalisierung." (WG, 80)

sonst sie sich beziehen? Die Antwort kennen wir: Sie beziehen sich auf sich selbst. Indem eine erste Unterscheidung gesetzt und dazu verwendet wird, etwas zu bezeichnen, und indem an das Bezeichnete mit weiteren Operationen angeschlossen wird, entsteht, wie wir verfolgt haben, ein rekursiv geschlossenes System von beobachtenden Operationen, die systemspezifische *Bilder* von Welt kreieren - mehr nicht. Muß man die Konstruktion von Erkennen so verstehen, dann kann das Reflexionsproblem der Erkenntnis nicht länger die "Einheit der Differenz von Erkenntnis und Gegenstand" sein (vgl. WG, 510), sondern zu erklären ist, wie wir, trotz dieses rekursiven Abgeschlossen- und Insichselbsteingeschlossenseins aller kognitiven Operationen, gleichwohl zu Annahmen bezogen auf die Welt kommen können, die mit der vorauszusetzenden Realität zumindest insoweit kompatibel sind, daß diese Wirklichkeit die "Verletzungen", die sie erleidet, verkraften kann. Als Antwort auf diese Frage gilt: "Es gibt die Bewährung der Kognitionen selbst." (WG, 527) Was aber heißt Bewährung in diesem Zusammenhang? Der Begriff Bewährung muß, wenn ich es richtig sehe, ganz materialistisch, gleichsam existentiell verstanden werden. So sehr nämlich die systemspezifisch erstellten Bilder von Welt eben diese Welt, die zu treffen sie vorgeben, in einem emphatischen Sinne verstanden verfehlen, mittelbar sind sie, insofern sie unserem Umgang mit der Welt die Richtung weisen, hoch wirklichkeitsrelevant. Denn im Sinne eines Beobachters erster Ordnung sind wir gleichsam dazu verdammt zu tun, was wir tun - auf nicht nur unreflektierte, sondern auf konstitutiv unreflektierbare Weise. Es muß immer schon ein Gedachtes, ein Handeln, gegeben haben, bevor nach-gedacht werden kann. Anders ausgedrückt: Der Operation ist nicht zu entgehen. Erst im Nachhinein ist dann zu sehen, was die Operation in der Welt bewirkt.

Eine Theorie, die dieser Situation gerecht werden will, muß, das ist nachvollziehbar, von der Operation ausgehen. Die

Theorie muß die radikale Verzeitlichung, von der sie ausgeht, schon in ihrem Aufbau zum Tragen kommen lassen und sie muß zum Ausdruck bringen, daß sie selbst als ein Teil dessen zu verstehen ist, das sie beschreibt. Denn alles Geschehen findet innerhalb und nicht außerhalb der Welt statt, und insofern wir nie mit der Welt an sich, sondern immer nur mit einer von uns und für uns aufbereiteten Welt, also Gesellschaft, konfrontiert sind, muß man sagen: Alles Geschehen, auch die Konstruktion von Theorie, findet innerhalb und nicht außerhalb von Gesellschaft statt. Dieses Problem des Eingeschlossenseins gleichsam an der Wurzel, sprich: an der Leitdifferenz zu bearbeiten, das versucht Luhmann mit seiner System/Umwelt-Theorie, in der Gesellschaft dann logischerweise dasjenige System ist, von dem aus gesehen in der Theorie alles andere Umwelt ist. System/Umwelt ist, und das ist das Entscheidende, eine "logisch reflexiv gebaute" Unterscheidung, die ein "re-entry" im Sinne der nicht-stationären Logik George Spencer Browns erlaubt. Sie ist also eine Unterscheidung, die den Wiedereintritt der Unterscheidung in das durch eben diese Unterscheidung Unterschiedene zuläßt.[60] Eine Unterscheidung, die in das durch sie Unterschiedene wiedereintritt, ist dieselbe und nicht dieselbe Unterscheidung. Sie ist, anders ausgedrückt, immer noch eine gesetzte, also nicht begründbare Unterscheidung. Über den Wiedereintritt aber in eben das Systemgeschehen, dessen Beginn sie selbst ermöglicht hat, wird dieses Setzen gleichsam reflektierbar, womit das Paradox, daß

[60] System/Umwelt ist nicht die einzige logisch reflexiv gebaute Unterscheidung. Andere derart konstitutierte Unterscheidungen sind nach Luhmann: Differenz und Identität, Operation und Beobachtung sowie Form und Medium. Für den Theoriestil wird es, wie er schreibt, "sicher einen Unterschied ausmachen, mit welcher Unterscheidung man eine Praxis des operativen Kondensierens und Differenzierens anfängt. Das heißt auch, daß es sich immer um eine in der Willkür des Anfangs und in der eigenen Geschichte begründete Theorie handeln muß." (1991 c, 77)

eine erste Unterscheidung gesetzt werden muß, und dieses Setzen nicht begründet werden kann, nicht beseitigt, wohl aber als solches bearbeitbar wird.[61] Was bleibt, weil bearbeiten nicht beseitigen heißt, das ist:

"Es gibt keine Einheit als Ende. Was sich als Erkenntnis beobachten läßt, ist und bleibt die Erzeugung einer Differenz im Ausgang von einer Differenz. Schon die Operation der Beobachtung ist, wenn man sie beobachtet, in einem Doppelsinne differentiell organisiert: sie vollzieht eine *Differenz*, indem sie eine *Unterscheidung* zu Grunde legt, um etwas zu bezeichnen. Und keine Beobachtung der Beobachtung kann für sich selbst reklamieren, etwas anderes zu tun. Jeder Anfang verletzt daher die Welt durch die eine oder die andere Unterscheidung, um dies (und nicht sonst etwas) bezeichnen zu können. Das nimmt der Refexion, will sie selbst denn Erkenntnis sein, um sich auf Erkenntnis beziehen zu können, die Möglichkeit, ein in der Logik ihrer Vollendung liegendes Ende zu denken. Ihr Ende wird eine (ob technisch oder nicht technisch ausgelöste) Naturkatastrophe sein. Bis dahin kann sie mit immer anderen Unterscheidungen weitermachen." (WG, 547f)[62]

---

[61] Was bearbeiten heißt, läßt sich vielleicht am leichtesten am Beispiel der Operationsweise gesellschaftlicher Subsysteme verdeutlichen. Der Code stellt, wie behandelt, die Leitdifferenz dar, die das System zu dem macht, was es ist. Er muß konstitutiv als gesetzt und als immanent nicht begründbar gelten. Was auf der Ebene des Codes ausgeschlossen bleibt und konstitutiv ausgeschlossen bleiben muß, die Einheit der Differenz von beispielsweise wahr/unwahr (also der blinde Fleck), kann aber auf der Ebene der Programmierung in das System wieder eingeführt werden - allerdings nur im Rahmen der durch den Code vorgegebene Beschränkungen.

[62] Dieses "Weitermachen" ist aber nicht so beliebig möglich, wie die Darstellung auf der Ebene eines solchen Abstraktionsniveaus es glauben machen könnte. Da das Setzen von Unterscheidungen immer innerhalb und nie außerhalb von Gesellschaft stattfindet, kann es im Grunde kein 'anything goes' geben. Das, was geht - so zumindest sieht es der Soziologe Luhmann -, ist abhängig davon, was in einer spezifischen Gesellschaft zu einem spezifischen historischen Zeitpunkt möglich ist. Vgl. zu diesem Topos insbesondere die Aufsätze: Tautologie und Paradoxie in

Mit anderen Worten: Wir können der Situation, in einer Welt eingeschlossen zu sein, aus der wir uns hinauskatapultieren können müßten, um sie (und damit uns in ihr) erkennen zu können, nicht entgehen. Die Beobachtungsoperation, derer wir uns bedienen (oder sollte man sagen, derer sich die Welt bedient?), spiegelt eben diese paradoxe Situation in ihrer Grundstruktur wider. Als doppeldifferentielle Operation ist sie selbst paradox konstituiert. Sie macht Erkenntnis zwar möglich - aber dieses Erkennen hat bloßen Als-Ob-Charakter. Der "terminologischen Maske" (Adorno) ist nicht zu entgehen. Hinter ihr lebt sich, wenn man den abendländisch-technologischen Fortschritt betrachtet, offensichtlich recht erfolgreich - bis jetzt.

---

den Selbstbeschreibungen der modernen Gesellschaft, in: Zeitschrift für Soziologie, Jg. 16, Heft 13, 1987, S. 161-174; Frauen, Männer und Georg Spencer Brown, in: Zeitschrift für Soziologie Jg. 17, Heft 1, 1988

V. Reflexionen

Die Ergebnisse des zuvor Abgehandelten lassen sich in vier Theoremen zusammenfassen:

1. Am Anfang war/ist die Unterscheidung. Dieser Sachverhalt ließe sich auch anders zentriert fassen. Dann müßte es heißen: Am Anfang war/ist ein Tun (eine Operation), nämlich das Unterscheiden. Dieses Tätigsein, also das Unterscheiden, ist die Bedingung der Möglichkeit von Leben. Es ist auch die Bedingung der Möglichkeit, daß die Welt aus ihrem absoluten Dunkel für uns (!) in ein kognitives Licht gesetzt werden kann.

2. Damit aus der Bedingung der Möglichkeit die Faktizität des Lebens sowie des Erkennens werden kann, muß dieses Tätigsein eine spezifische Gestalt annehmen, es muß zur "Beobachtung" werden. Die Operation des Unterscheidens wird zur Beobachtungsoperation, indem in die (verwendete) Unterscheidung gleichsam eine zweite Unterscheidung "hineincopiert" (Luhmann) wird, nämlich die von Unterscheidung und Bezeichnung. Diese 'zweite' Unterscheidung ist im Grunde die gleiche wie die erste - und ist auch nicht die gleiche. Dieser Vorgang wiederum, also das Unterscheiden, das sich in sich selbst unterscheidet, geschieht "in einem Zuge". Anders ausgedrückt: Die Zweiheit aktualisiert sich als Einheit, eine für uns paradoxe Vorstellung. Ist ohne Beobachten, also ohne Bezeichnen und damit Identifizieren, keine Strukturbildung und somit Organisation möglich - denn an was sollte mit weiteren Tätigkeiten angeschlossen werden? - und ist dieses Beobachten eine paradoxe Operation, dann läßt sich das erste Theorem umformulieren. Es lautet dann: Am Anfang war/ist das Paradox.

3. Insofern über das Hineincopieren der Unterscheidung von Unterscheidung und Bezeichnung in die (verwendete) Unter-

scheidung die Bedingungen der Möglichkeit eines Weitermachens, also ein Auflösen der Blockierungen, die eine Paradoxie eo ipso bewirkt, geschaffen sind, gilt auch: Am Anfang war/ist die Entparadoxierung, oder anders ausgedrückt: Am Anfang war/ist die Invisibilisierung der paradoxen Grundkonstitution alles (für uns) Seienden. Nehmen wir den Gedanken hinzu, daß, damit angefangen werden kann, eine erste Unterscheidung gesetzt, Luhmannesk ausgedrückt: "operativ eingeführt" werden muß, daß über eben diese aber nichts ausgesagt werden kann, dann ist das Ergebnis des Luhmannschen Denkens auch so zusammenzufassen: Daß wir etwas als so oder so erfahren, liegt in uns selbst begründet. Alles Licht, das wir in die Welt hineintragen, erhellt nicht die Welt bzw., präziser ausgedrückt, nicht dasjenige, das wir gezwungen sind als Objekt unseres Denkens anzunehmen, sondern es erhellt gleichsam nur sich selbst.
4. Diese Denkgeste, seit Kant nicht unbedingt neu, wenn auch in ihrer vollen Konsequenz faktisch nicht ernstgenommen, wird von Luhmann radikal zu Ende gedacht. Für Luhmann beruht selbst der Tatbestand, daß wir unsere Welt als eine nach Geist und Materie, nach Menschen und Sachen unterschiedene erfahren, auf einer von uns in die Welt hineingetragenen Ordnung. Daß wir, obschon unserem Denken und somit auch unserem Handeln im eigentlichen Sinne das Fundament fehlt, gleichwohl auf sicherem Grund zu stehen vermeinen, haben wir einer evolutionären Entwicklung zu verdanken, die zur Auskristallisierung eines Bereichs geführt hat, den wir Gesellschaft nennen, und in dem über ein eigenes Medium, Kommunikation, kontinuierlich sozusagen erarbeitet wird, was als unser Selbst- und Weltverständnis gilt. So weit Luhmann und so weit die Zusammenfassung des Behandelten.

In dem folgenden abschließenden Kapitel sollen zwei Aspekte des zuvor Erarbeiteten einer Reflexion unterzogen werden. Was die inhaltliche Dimension der Theorie anbetrifft, so gilt, daß die Gesellschaft bei Luhmann eine - sieht man von Emil Durkheim ab - selbst in der Soziologie bisher nicht gekannte Aufwertung erfährt. Diese Aufwertung des Sozialen und die damit einhergehende Abwertung des Individuellen ist sicherlich dasjenige Moment, das einem `Alteuropäer` schwer fällt zu akzeptieren. Auf diesen Topos soll im folgenden deshalb noch einmal eingegangen werden. Sodann wird zu fragen sein, ob Luhmanns Theorie, wenn man sie allein unter dem Signum Soziologie verortet, nicht unter Wert 'gehandelt' wird. Offene Fragen und Zweifel an der Durchführbarkeit des vorgestellten `neueuropäischen` Denkens bilden den Abschluß dieses Abschnitts und der hier vorgelegten Abhandlung.

1. Anmerkungen zum "Beobachter" - Oder: Wo bleibt der Mensch?

Erinnern wir uns: Die Begriffe Beobachten bzw. Beobachter stehen für die Annahme, daß es auf der operativen Ebene für die Systeme kein Ausgreifen in die Außenwelt gibt. Die Grundoperation Beobachten ordnet Luhmann, wie wir verfolgt haben, drei unterschiedlichen Operationsbereichen zu: den Bereichen Leben, Bewußtsein und Kommunikation. Für alle drei Systemarten gilt, daß die auf jeweils unterschiedlichen Letztelementen basierenden Operationen selbstreferentiell und demzufolge operativ geschlossen ablaufen. Bezogen auf den Bereich Kommunikation, also den des sozialen Systems, folgt daraus, daß bei Luhmann die Leistung des Verstehens, die `alteuropäisch` als Bewußtseinsakt verstanden ist, aus ihrer Subjektbezogenheit herausgelöst und dem Bereich der Kommunikation zugeschrieben wird. Es ist die Kommunikation, der die Potenz zugedacht ist, gleichsam in Eigenregie zu entscheiden, was in einem spezifischen Kontext von den Subjekten verstanden, akzeptiert, abgelehnt oder weitergegeben wird. Das `Verstehen`der Kommunikation ist selbstverständlich abhängig davon, daß Subjekte an diesen Kommunikationsprozessen beteiligt sind, es läßt sich aber nicht auf deren Verstehensleistungen reduzieren.

Reflektiert man diese Annahmen, die, denkt man an die Hermeneutik Gadamers, im übrigen weniger revolutionär sind als es auf den ersten Blick hin erscheinen mag, dann ist folgendes ausgesagt: Für die Überwindung der operativen Geschlossenheit des Bewußtseins, `alteuropäisch`: für die Überwindung der für den Menschen konstitutiven Individualität in Richtung Sozialität, war und ist ein Preis zu entrichten. Aufzugeben war und ist die Autonomie des Subjekts. Das ist das eine. Das andere ist - und erst bezogen auf diesen Punkt hin unterscheiden sich die Annahmen Luhmanns konstitutiv von denen der traditionellen Soziologie - : Die Verortung des Verhältnisses von Individuum und Gesellschaft muß neu konzipiert werden. Was den ersten Punkt anbetrifft, die Aufgabe von Selbstbestimmtheit, so gilt, daß Luhmann nur konsequent und radikal zu Ende denkt, was in der Soziologie unter dem Stichwort 'gesellschaftliche Determiniertheit des Individuums' seit eh und je diskutiert wird. Am pointiertesten ist die genuin soziologische Lehrmeinung vom Vorrang des Sozialen gegenüber dem Individuellen in dem bekannten Diktum von Karl Marx, demzufolge nicht das Bewußtsein das gesellschaftliche Sein, sondern vielmehr das gesellschaftliche Sein das Bewußtsein bestimme, zum Ausdruck gebracht. Marx, der im Gegensatz zu den meisten seiner Epigonen der Auffassung war, daß diese von ihm konstatierte Suprematie des Objektiven gegenüber dem Subjektiven Ausdruck einer Fehlentwicklung von Geschichte sei und nicht etwa eine zu akzeptierende Naturtatsache, geht bekanntlich davon aus, daß sich diese Fehlentwicklung von Geschichte revidieren lassen müsse. Um letzteres denken zu können, ohne das Theorem hinsichtlich der

Determiniertheit des Bewußtseins durch das gesellschaftliche Sein in der kapitalistischen Gesellschaft aufgeben zu müssen, rekurriert Marx auf ein Phänomen, das er "revolutionäres Bewußtsein" nennt. Dessen Genese sieht er an die sich selbst befreiende Aktivität des Proletariats angekoppelt. In der aus dieser Aktivität resultierenden 'richtigen' Gesellschaft, um es alltagsweltlich zu formulieren, wird die soziale Determiniertheit des Bewußtseins eine neue Gestalt annehmen. Subjektivität und Objektivität werden sich dann - und zwar nur dann - sozusagen reziprok und herrschaftsfrei befruchten können. Auch wenn die Lösung, die Marx mit seinem Revolutionstheorem anbietet, nicht zu überzeugen vermag, im Gegensatz zu anderen soziologischen Theoretikern hat dieser das die Soziologie konstituierende Problem nicht nur klar erkannt, sondern auch ernstgenommen. Gemeint ist der Widerspruch, in den die Soziologie gerät, wenn sie einerseits an der abendländischen traditionellen Vorstellung von der Autonomie des Subjekts festhält, andererseits aber, u.a. auch um ihren eigenen Wissenschaftsstatus zu festigen, von der Suprematie des Sozialen ausgeht. Man kann, anders ausgedrückt, das eine, also das "autonom handlungsfähige, mit sich identische Subjekt" (Ulrich Oevermann) nicht haben, ohne daß das andere, die soziale Determiniertheit, daran Schaden nähme oder vice versa. Die Vermitteltheit der beiden Pole zu denken, ist und war schon immer ein Kernproblem der Soziologie. Dessen Lösung wird durchweg darin gesehen, daß man den Schild der sozialen Determiniertheit hochhält und den Gegenpol, das Subjekt, der Sozialisationstheorie überläßt.

Diese Scheinlösung wird von Luhmann nicht mitvollzogen. Indem er das Soziale als ein Geschehen sui generis deklariert, für das der Mensch Umwelt ist, erfährt das genannte Problem des Verhältnisses von Individuum und Gesellschaft eine konstitutiv neue Interpretation. Weder bestimmt das Bewußtsein das gesellschaftliche Sein, noch letzteres das Bewußtsein, weder ist der Mensch ein autonomes Subjekt, noch ist er sozial determiniert. Das, was wir als Mensch zu bezeichnen gewöhnt sind, hat sich vielmehr bei Luhmann mit einer Position auf dem Nebenschauplatz zu begnügen - in der Umwelt. Womit sich das lästige Problem, eine Vermitteltheit von Mensch und Gesellschaft denken zu müssen, erübrigt. Insofern das Denken der Vermitteltheit der beiden Pole, Subjektivität und Objektivität, für die Soziologie ein durchaus ungelöstes Problem darstellt, ist der Beitrag Luhmanns als ein weiterer Versuch zu verstehen, einer diesbezüglichen Problemlösung näher zu kommen. Neu an dieser Variante ist, welcher Grad an Autonomie dem sozialen Geschehen zugesprochen wird. Von Hobbes bis Habermas wird Gesellschaft als eine, wenn man so sagen darf, Veranstaltung für den Menschen verstanden. Nicht so bei Luhmann. Einmal etabliert, ist die Autonomie, die dem über Kommunikation zustandekommenden gesellschaftlichen Geschehen von seiner Theorie zugesprochen wird, absolut. Aus der Umwelt heraus kann der Mensch, so er sich mit Luhmann auf die Ebene der "Beobachtung zweiter Ordnung" begibt, "beobachten", was geschieht - (kausal) Einfluß nehmen, kann er nicht. Natürlich nimmt er, als "Beobachter erster Ordnung", immer schon Teil an Gesellschaft, aber dies nicht intentional, nicht bewußt steuernd. Er ist sozusagen als eine Art 'Stimuligeber' für ein Geschehen konzipiert, das eigendynamisch abläuft. Dergestalt gelingt es Luhmann, die Fahne der Soziologie höher zu halten als alle soziologischen Theorierichtungen vor und neben ihm - was die auf Soziologie spezialisierte scientific community allerdings interessanterweise bisher nur bedingt zu honorieren weiß.

Was letztere und andere irritiert, das ist der Grad der Entmachtung, den das Subjekt in Bezug auf die Gestaltung des Sozialen bei Luhmann hinnehmen muß. Denn folgt man Luhmann, dann hat die alteuropäische Denkgeste, daß der Mensch über sein vernunftgeleitetes Handeln die Gesellschaft zu einem Besseren hin zu verändern vermöchte, endgültig ausgedient. Will man von Gestaltung bezogen auf Gesellschaft sprechen, so ist man nach Luhmann auf das Operieren der Funktionssysteme verwiesen, in die moderne Gesellschaften ausdifferenziert sind. Eben dieses Verwiesensein des Gesamtsystems auf die Teilsysteme beinhaltet nun aber ein konstitutives Problem: Jedes Teilsystem operiert gemäß eigener Leitdifferenzen, was bedeutet, daß jedes dieser Subsysteme seine Umwelt, alteuropäisch : seine Weltsicht, eigenständig konstituiert. Insofern außerhalb oder oberhalb der Teilsysteme keine Gesellschaft existiert, die Teilsysteme also dasjenige, das wir Gesellschaft nennen, darstellen - und zugleich auch nicht darstellen -, kann die Vorstellung einer vernünftigen Gesellschaft nur im Zusammenhang mit den Operationsweisen der Subsysteme thematisch werden. Deren jeweilige Leitdifferenzen aber sind heterogen - in der Wissenschaft geht es um Wahrheit, in der Justiz um Recht, in der Wirtschaft um Geld etc. -, woraus folgt, daß zum einen jedes Subsystem die Gesellschaft auf seine je spezifische Weise rekonstruiert, und daß zum anderen jedes Teilsystem seine eigenen Rationalitätskriterien besitzt, die zu überschreiten bzw. die zu hintergehen ihm nicht möglich ist. Soll vor diesem Hintergrund überhaupt noch von Vernunft in Bezug auf Gesellschaft gesprochen werden können, dann kann das nur über den Weg einer Revision des alteuropäischen Vernunftkonzepts möglich sein. Vernunft ist nicht länger als eine wie auch immer abzuleitende Gegebenheit zu verstehen, die es zu verwirklichen gilt, sondern Vernunft ist im Sinne von Rationalität als eine Unterscheidung zu denken, die man wählen kann, oder auch nicht. Je nach Ort oder Zeitpunkt der Wahl gilt dann, daß es für sie unterschiedliche Weisen der Realisierbarkeit gibt. Rationalität muß also, so Luhmann, "standortfrei" gedacht werden (vgl.ÖK.,254). Zu verstehen ist also, daß es keine prinzipiell und endgültig vernünftige Lösung für ein Problem gibt. Was es gibt, das sind "semantische Festlegungen auf Widerruf" - mehr nicht. Bedenkt man, daß auch diese Festlegungen auf Widerruf jeweils immer nur teilsystemspezifisch gelten können, die Teilsysteme die Gesellschaft zwar *rekonstruieren*, diese aber nicht *darstellen*, so hat der Topos `vernünftige Gesellschaft`, zumindest im alteuropäischen Sinne verstanden, endgültig ausgedient. So weit die Theorie.

Und die Praxis? Können wir als in Gesellschaft Handelnde tatsächlich auf die unwiderrufliche Festlegung bestimmter Werte verzichten? Ist, anders ausgedrückt, der in der Theorie so einleuchtend begründbare Relativismus aller Werte faktisch lebbar? Anders gefragt: Wie hat man sich eine Gesellschaft vorzustellen, die konstitutiv alle Werte als konstruiert und damit als veränderbar und überwindbar ansieht? So naheliegend die gestellten Fragen von einer alteuropäischen Warte her gesehen sein mögen, die Antworten erübrigen sich. Denn im Grunde leben wir längst in einer Gesellschaft, die alle Werte und Haltungen der Kontingenz überstellt hat. Ein Verhalten nach dem Grundsatz `hier stehe ich und kann nicht anders` wirkt heute eher komisch als überzeugend. In der medial vernetzten Gesellschaft, in der alle kulturellen Identitäten früher oder später in der Einheitskultur des Modernismus aufgegangen sein werden, gilt primär das Motto: Mitmachen, Aufspüren, was dem Zeitgeist gerade entspricht. Die Zauberworte heißen: Flexibilität, Anpassungs- und Kommunikationsfähigkeit, als ob Beweglichkeit und Kommunikation Werte per se darstellten. Das ist das eine.

Das andere ist, daß diese Entwicklung hin zu einer Gesellschaft der Beliebigkeiten interessanterweise gepaart ist mit der Entstehung neuer Fundamentalismen. Diese Gegensätze, hier die Beliebigkeit, dort beispielsweise das Phänomen der `political correctness`, evozieren Fragen in der folgenden Richtung: Könnte es sein, daß das Entstehen neuer Fundamentalismen, seien sie politisch, religiös oder ökologisch motiviert, ein Zeichen dafür ist, daß der Mensch mit rein "semantischen Festlegungen" überfordert ist? Ist es möglicherweise so, daß der Mensch, als ein Wesen, das der Welt gegenüber bewußt Stellung zu beziehen vermag, für eben diese Stellungnahmen eines Fundaments bedarf, das gerade nicht als kontingent erfahren werden darf? Wie ist dann aber , sollten die zuvor gestellten Fragen positiv zu beantworten sein, die Erfahrung, die der Konstruktivismus sowie Luhmann uns in Bezug auf die 'Bodenlosigkeit' unserer Erkentniskonstruktionen zumuten, faktisch lebbar?

Wie immer man zu diesen Überlegungen stehen mag, vieles deutet darauf hin, daß das, was Luhmanns Theorie erkenntnistheoretisch begründet, und das, was sich als gesellschaftliche Realität eingespielt hat - das Wissen um die Kontingenz aller Werte -, zu Brüchen und Verwerfungen sowohl beim einzelnen als auch in der Gesellschaft führt bzw. längst geführt hat. Nicht von ungefähr ist der Verlust an Moral, den die modernen Gesellschaften zu verzeichnen haben, einer der meist diskutierten Topoi unserer Tage. Das Problem scheint ganz offensichtlich zu sein, daß das alteuropäische Vernunftkonzept, das, wie ephemer auch immer, den Menschen zumindest eine Orientierung für ihr Handeln vorzugeben vermochte, nicht länger zu überzeugen vermag, daß aber eine Ersatzinstitution für die Funktion, die der Moral in Bezug auf den gesamtgesellschaftlichen Zusammenhalt zukam bzw. zukommt, nicht in Sicht ist. Diese Situation zwingt uns zu akzeptieren, daß der viel beschworene Zeitgeist die Funktion der gesamtgesellschaftlichen Sinnsetzung übernimmt. Dieser allerdings, dessen sollten wir uns gewiß sein, ist nicht nur höchst flexibel, sondern auch in einem Höchstmaß verführbar.

Die in der Überschrift gestellte Frage lautet:`Wo bleibt der Mensch?`. In plakativer Form soll die Frage auf ein konstitutives Moment der Theorie selbstreferentieller Systeme verweisen: auf die Entmachtung des Subjekts. Wollte man auf die gestellte Frage in einer gleichermaßen plakativen Weise antworten, so wäre zu sagen: Der Mensch wird von der Theorie Luhmanns eben da verortet, wo er sich in der gesellschaftlichen Realität tatsächlich befindet - am Rande eines Geschehens, das ihn lenkt und steuert. Weniger plakativ gesagt: Die Entmachtung, die das Subjekt in der Theorie erfährt, ist ihm in der Realität längst widerfahren. Diese Sichtweise der Dinge ist nun interessanterweise dem alltagsweltlichen Verständnis durchaus nicht fremd, nur in ihrer theoretischen Widerspiegelung wirkt sie ganz offensichtlich befremdend. Letzteres mag darin begründet sein, daß wir gewohnt sind, dasjenige, das wir täglich sehen und erfahren, in einer ganz spezifischen Weise zu interpretieren: Wir verorten das Erfahrene als revidierbar, als Reflex einer Fehlentwicklung von Gesellschaft, von der wir annehmen, daß sie irgendwann und irgendwie überwunden sein werde. An einem wie fernen Tage auch immer, so die Vorstellung, wird das Subjekt aus seiner Agonie erwachen und (im Rahmen eines herrschaftfreien Diskurses?) alles zum Besseren wenden.

Fragt man nun, wie wir zu einer derartigen, den historischen Fakten offensichtlich widersprechenden Haltung kommen, so verweist die Antwort auf die Bedeutsamkeit konstitutiver Momente des alteuropäischen Denkens für unsere Weltsicht. Ein Denken nämlich, das sich im Rahmen der Leitdifferenz Subjekt/Objekt bewegt, ermöglicht die geschilderte Interpretation der gesellschaftlichen Lage nicht nur, sondern erzwingt sie geradezu. Da das Subjekt in Bezug auf das Objekt als mit spezifischen Kompetenzen ausgestattet gedacht ist, die das Objekt konstitutiv als inferior erscheinen lassen, kann die Vorstellung, das Objekt könne seine Suprematie bezogen auf das Subjekt *auf Dauer* aufrechterhalten, im eigentlichen Sinne nicht ins Blickfeld geraten. Die 'illusion of control' ist im Rahmen eines solchen Denkgestus gleichsam vorprogrammiert. Der differenztheoretische Ansatz demgegenüber erlaubt eine andere und allem Anschein nach auch realistischere Sicht der Dinge. Die von Luhmann konsistent abgeleitete Annahme besagt, daß der Mensch der eigendynamischen Entwicklung von Gesellschaft nichts Nennenswertes entgegenzusetzen hat. Was wir empfinden, was wir uns aber kognitiv nicht einzugestehen wagen, das drückt Luhmann klar und unmißverständlich aus: die Vermutung, daß "das, was als Gesellschaft sich realisiert hat, zu *schlimmsten Befürchtungen* Anlaß gibt, aber *nicht abgelehnt werden kann." (SA5, 233)*

War es bei Marx noch das Kapital, dem gleichsam hinter dem Rücken der Menschen und über ihre Köpfe hinweg die eigentliche Steuerungsfunktion der Gesellschaft zugeschrieben wurde, so werden die Verhältnisse heute komplexer gesehen. Für Luhmann ist der Code der Wirtschaft, also (Geld)-Haben/Nichthaben, nur eine Leitdifferenz unter anderen. In der in Funktionssysteme ausdifferenzierten modernen Gesellschaft gibt es eine Vielzahl von Steuerungsmedien, die den Menschen in seinem Handeln und in seiner Weltdeutung bestimmen. Was allerdings den Kern des Analyseergebnisses bezogen auf das Verhältnis von Mensch und Gesellschaft anbetrifft, so gibt es zwischen Marx und Luhmann keinen Unterschied. Für beide gilt: Es ist nicht der Mensch, der das gesellschaftliche Sein steuert. Für Luhmann gilt darüber hinaus: Da der evolutionär entstandenen funktionalen Differenzierung nicht zu entgehen ist, ist auch der Steuerung seitens der Medien der Funktionssysteme nicht zu entgehen. Konnte Marx noch die Vorstellung entwickeln, diese Art von Verhältnisse seien Verhältnisse auf Widerruf, so ist ein solcher Gedanke bezogen auf das Analyseergebnis Luhmanns hinfällig. Diese Hinfälligkeit zu bedauern, ist das eine, sie als eine inadäquate Interpretation der faktischen Realität anzusehen, ist das andere. Adäquanz oder Inadäquanz der theoretischen Annahmen wären an der gesellschaftlichen Wirklichkeit zu überprüfen -

und dieser Überprüfung kann Luhmann in angemessener Ruhe entgegensehen.

2. Meta-physische Konnotationen

Niklas Luhmann kennt in Bezug auf die Metaphysik keine Berührungsängste. So wenig er seine Theorie selbstrefentieller Systeme als "eine Erste" oder als "eine Letzte Philosophie der Selbstreferenz des Seins" verstanden wissen will, und so sehr eine "fachliche Zuordnung zur Philosophie" vermieden werden soll, es gilt gleichwohl, "daß ein Zusammenhang nicht bestritten" werden kann (vgl.SS,145). Und in der Tat, nähert man sich dem Luhmannschen Denken nicht primär von einem soziologischen, sondern eher von einem philosophisch-erkenntnistheoretischen Interesse her, dann evozieren seine Überlegungen Konnotationen, die den soziologisch-wissenschaftlichen Kontext durchaus sprengen. Man entdeckt unerwartete Parallelen zu christlichem Gedankengut, und traditionell Gedachtes erscheint in einem neuen Licht. Im folgenden sollen einige dieser Parallelkonstruktionen aufgezeigt und altes `Wissen`einer neuen, an Luhmann geschulten Interpretation unterzogen werden.

Beginnen wir mit der von der Metapsysik in die Welt getragenen Ordnung, derzufolge der Welt der Erscheinungen eine Welt der ewigen Wahrheit gegenüberstehend gedacht ist. Betrachtet man diese traditionelle metaphysische Annahme aus dem Blickwinkel Luhmanns, dann ist als erstes zu sagen, daß die besagte Ordnung über eine spezifische Unterscheidung in die Welt gekommen ist, die historisch gewählt wurde, und die sich - zumindest bis in die jüngere Zeit - als "anschlußfähig" erwiesen hat. So kann man die Welt ordnen, aber so muß man sie nicht ordnen. Wenn man sie derart ordnet, dann hat das Folgen im Hinblick auf die dann möglichen bzw. die damit eliminierten Anschlußmöglichkeiten. Was aber folgt aus der Unterscheidung der Metaphysik? Die Antwort lautet: Konstitutiv läßt diese Unterscheidung Anschlußmöglichkeiten in zwei Richtungen zu: Entweder eine primäre Zentrierung der kognitiven und sonstigen Anstrengungen auf die Welt der Erscheinungen oder auf die der Wesenheit. Historisch gesehen ist, wie wir wissen, ersteres geschehen - mit allen Implikaten von Naturbeherrschung, die uns erst heute im eigentlichen Sinne deutlich werden. Die Gattung Mensch hat gewählt und hat dafür die Verantwortung zu übernehmen. Das also ist unser erstes Ergebnis: Betrachtet man traditionell Gedachtes unter Zuhilfenahme des Luhmannschen Instrumentariums, dann eröffnet sich eine neue Sichtweise. Das, was ins Blickfeld rückt, das ist die Freiheit der Wahl, die es für den Menschen gab und gibt. Das Theorem 'Am Anfang ist die Differenz' beinhaltet, so gesehen, also eine über die erkenntnistheoretische Ebene hinausgehende weitere Annahme. Sie lautet: 'Am Anfang ist die Freiheit', oder anders ausgedrückt: Am Anfang steht das Verantwortlichsein des Menschen für das eigene Tun.

Das Theorem "Am Anfang ist die Differenz" bezieht sich auf den Bereich der "physischen Welt". Luhmann unterscheidet diesen Bereich, wie wir erfahren haben, von dem des "unmarked space". Die "physische Welt" ist die Welt des Operierens, des Beobachtens, der "unmarked space" ist ein `Etwas`, das unterstellt werden muß, und das wir mit unseren Unterscheidungen "verletzen". Konfrontiert man nun diese Annahmen sowie die zuvor behandelte These von der Freiheit der Wahl mit bestimmten Aussagen der Bibel, so zeigen sich folgende interessante parallele Konstruktionen: Unter dem hier thematischen Blickwinkel handelt der Genesis-Text vom "unmarked space", das Sündenfalltheorem` steht für die Genese der physischen Welt. Der "unmarked state", also die Welt, in der es keine Unterscheidungen gibt, ist in der Bibel als `Paradies` verstanden, in dem Adam und Eva gleichsam blind (!) agieren. Die Möglichkeit, sehen zu lernen, ist aber, interessanterweise im Sinne einer Verführung charakterisiert, als immanent in die paradiesische Situation eingelassen verstanden. Eva und auch Adam können, wie bekannt, der Verführung nicht widerstehen. Die Folge dieses Geschehens charakterisiert die Bibel lapidar mit der Aussage: `sie erkannten sich`. Aus dem Blickwinkel Luhmanns betrachtet bietet sich für dieses in der Bibel geschilderte `Geschehen` folgende Interpretation an: Das Bild vom `Sündenfall` steht für die Annahme Luhmanns, daß, damit es einen Anfang geben kann, eine erste Unterscheidung gesetzt werden muß. Dieses Setzen einer ersten Unterscheidung, der von Mann und Frau, wird von der Bibel als Frevel verstanden, als Verletzung (!) des Gebots Gottes. Die Folge dieser `Tat` ist, daß das Paradies sich (für uns) in die "physische Welt" verwandelt, mit allen bekannten Konsequenzen. Bedenkt man nun, daß Eva die Wahl hatte, von dem Apfel zu kosten (mit dem Unterscheiden zu beginnen) oder es sein zu lassen, dann läßt sich das biblische Bild, ganz im Sinne der Luhmannschen These von der Freiheit der Wahl, auch noch einer weiteren Interpretation unterziehen: Wer oder was Gott sein mag, er ist für das, was aus der Welt geworden ist und weiter wird, nicht verantwortlich zu machen. Woran wir teilnehmen, das kann als ein großangelegter Versuch verstanden werden, zu testen, was aus einer der Eigenverantwortung überlassenen Schöpfung wird. Auch daß es zu dieser Eigenverantwortlichkeit der Menschheit gekommen ist, kann, interpretiert man die christliche Bildsprache im Sinne Luhmanns, nicht als von Gott verordnet, sondern nur als die Folge einer vom Menschen frei getroffenen Entscheidung verstanden werden.

Kehren wir zu der die abendländische Metaphsysik konstituierenden Unterscheidung zwischen Wesen und Erscheinung zurück und konfrontieren wir sie mit einer weiteren grundlegenden Annahme des differenztheoretischen Ansatzes. Gemeint ist die Annahme, daß jede Unterscheidung, die verwendet wird, zwei unterschiedliche Seiten hat, anders sie keine Unterscheidung wäre. Also: *In* der Unterscheidung ist die eine Seite das andere der zweiten Seite und vice versa, *die Unterscheidung selbst* aber (also die "Einheit der Unterscheidung"), über welche die beiden Seiten konstituiert werden, muß als das nicht-andere des Unterschiedenen begriffen werden (vgl. SA 5, 87). Was das Charakteristikum der Unterscheidung also unter anderem ausmacht, das ist das immanente und nicht auflösbare Verwiesensein der beiden unterschiedlichen Seiten aufeinander. Das eine ist nicht ohne das andere, und das andere ist nicht ohne das eine. Mehr noch: Das eine ist nur, was es ist, aufgrund des anderen und das andere ist nur, was es ist, aufgrund des einen. Was aber ist die Beziehung, die zwischen ihnen besteht, und ohne die weder das eine noch das andere wäre? Was ist die " Einheit der Unterscheidung"? Insbesondere die erste Frage erinnert an Hegel. Und in der Tat sind die Bezüge des Luhmannschen Denkens zur Dialektik ebenso offensichtlich wie die Unvereinbarkeiten zwischen der Hegelschen Dialektik einerseits und der Theorie selbstreferentieller Systeme andererseits. Die "Einheit der Unterscheidung", also dasjenige, welches das eine zum einen und das andere zum anderen macht, und welches konstitutiv die beiden Seiten in sich enthalten muß, da anders die Differenz nicht konstituiert werden könnte, ist bei Hegel und in der christlichen Trinitätslehre bekanntlich das göttliche Sein, das über die Konstitution einer Welt des Differenten und über die eigene Selbstentfremdung dazu kommt, in der Welt zu sich selbst zu finden. Insofern enthalten, dieser Denkgeste zufolge, die Dinge der empirischen Welt ihr Wesen und enthalten es zugleich auch (noch) nicht. Entscheidend für das dialektische Denken Hegels ist dann, daß dieser die geschichtliche Entwicklung an deren Ende in die Identität von Wesen und Erscheinung einmünden läßt. Was am Anfang noch nicht ist, wird am Ende der göttlichen Heilsgeschichte sein: die realisierte göttliche Vernunft. Anders ausgedrückt: Die Differenz von Wesen und Erscheinung geht bei Hegel letztendlich in der Identität des voll zur Entfaltung gekommenen Wesens auf. Eben diese Identitätsthese fehlt bei Luhmann, weshalb sein Ansatz nur bedingt als dialektisch zu bezeichnen ist.[63] In seinem Denken gibt es keine Aufhebung des Widerspruchs, letzterer muß vielmehr, in einem sehr viel radikaleren Sinne als bei Hegel gedacht, ausgehalten werden. Mehr noch: Insofern das, was sich ausschließt, bei Luhmann zugleich verbunden ist, nimmt der Widerspruch in seinem Denken die Gestalt des Paradox an - und eben das ist das letzte, was wir wissen können.

Das letzte, das wir wissen können, ist: Wir müssen beobachten, also unterscheiden-und-bezeichnen , anders die Welt dem absoluten Nichts anheimgestellt wäre. Ist das so, hat aber andererseits auch zu gelten, daß, wie es bei Maturana und Varela heißt, alle Lebensformen zugleich Erkenntnisformen sind, dann bezieht sich die Aussage zur Struktur der Beobachtungsoperation noch auf ein anderes: Mit ihr ist dann auch eine Annahme hinsichtlich der Struktur des letzten, das Leben trägt, gemacht. Dieses letzte muß dann, folgt man Luhmann, als paradox konstituiert angesehen werden. Da unsere kognitive Ausstattung uns nicht erlaubt, ein Paradox im eigentlichen

---

[63] Daß Adorno mit seiner negativen Dialektik, die er als "Negation der Negation, welche nicht in Position übergeht", charakterisiert, dem Denken Luhmanns bei allen Differenzen sehr nahe steht, hat Stefan Breuer in seinem Aufsatz: 'Adorno, Luhmann. Konvergenzen und Divergenzen von Kritischer Theorie und Systemtheorie' sehr präzise herausgearbeitet. Vgl. Leviathan, Jg. 15, Heft 1, 1987.

Sinne zu entschlüsseln, bleibt dasjenige, das Leben trägt, für uns unverfügbar. Das ist das eine.

Das andere ist: Insofern der ein weiteres Operieren blockierende Charakter des Paradox invisibilisiert werden muß, damit mit dem Beobachten fortgefahren und derart die Welt vor dem 'Absturz' in das Nichts des "unmarked state" bewahrt werden kann, gibt Luhmann eine der Struktur nach neue Antwort auf die Frage, warum wir nicht aufhören können zu fragen, obschon wir nicht erst seit Luhmann wissen, daß all unser Fragen im letzten ins Leere läuft. Wir können nicht aufhören zu fragen, und eben diese Haltung läßt uns dann letztlich in die metaphysische Frage einmünden, weil das Paradox, das uns trägt, und das sich in der Konstitution der Beobachtungsoperation gleichsam zeigt, eine unaufhebbare Bewegung evoziert. Luhmann nennt sie Autopoiesis. Letztere macht eine Haltung unmöglich, derzufolge wir es bei dem Gedanken, daß etwas ist wie es ist, belassen können. Auf die von uns gestellten Fragen aber wid es keine Antworten geben, weil dasjenige, auf das sie letztlich abzielen - der "unmarked state" - als die Bedingung der Möglichkeit allen Fragens zu gelten hat - und insofern uneinholbar ist.

Nun ist das kognitive Erfassen des Tatbestandes, daß all unser Beobachten gleichsam auf eine Leerstelle hinzielt, die eine Seite der Medaille, diese Erfahrung existentiell zu akzeptieren, ist deren andere Seite. Einleuchtend ist daher, daß alle historischen Gesellschaften, die wir kennen, Instanzen geschaffen haben, deren Aufgabe es war, den Menschen Hilfestellung bei der Bearbeitung der Erfahrung der besagten Leerstelle zu bieten. Taditionellerweise kam und kommt der Religion die Funktion zu, in diesem Sinne gleichsam kompensatorisch zu wirken. Diese Kompensationsfunktion büßt die Religion, wie allseits thematisch, zunehmend ein. Strukturell gesehen kann es dafür zwei prinzipiell mögliche Gründe geben. Zum einen wäre denkbar, daß der Mensch der Moderne solcher Kompensationserfahrungen nicht länger bedarf. Zum anderen könnte es sein, daß die Religion den modernen Menschen mit ihren Interpretationen im eigentlichen Sinne nicht mehr zu erreichen vermag. Tendiert man zu der zweiten Annahme, dann ist zu klären, warum die Religion die von ihr seit Jahrtausenden wahrgenommene kompensatorische Funktion zunehmend einbüßt.

Versteht man mit Luhmann die Religion als ein gesellschaftliches Funktionssystem, das nach Maßgabe einer spezifischen Leitdifferenz, der von Immanenz/Transzendenz, operiert, dann kommt in einer neuen Weise dasjenige ins Blickfeld, das als konstitutives Problem der Religion anzusehen ist. Für jedes System, also auch für die Religion, stellt sich bekanntlich die Frage nach der "Einheit" der es konstituierenden Leitdifferenz. Anders und alltagsweltlich ausgedrückt: Es stellt sich die Frage, woher die Religion ihr Wissen nimmt, daß sie ihre Themen in der von ihr vertretenen und in keiner anderen Weise zu bearbeiten hat. Wie jedes System so muß auch die Religion Mittel und Wege finden, das sie konstituierende Paradox der "Einheit" ihrer "Leitdifferenz" zu "entfalten" - zeitlich, sachlich und sozial. Im Falle der christlichen Religion geschieht die zeitliche und sachliche Invisibilisierung dessen, was nicht ins Blickfeld kommen darf, über die Lehre vom Schöpfungsakt Gottes. Letzterer bewirkt, daß gilt: *Erst* war Gott, *dann* die Welt; *dort* ist das Reich der Transzendenz und *hier* ist die Welt der Immanenz. Die Funktion der Annahme vom Schöpfungsgeschehen ist also, Immanenz und Transzendenz als getrennte Bereiche auszuweisen, womit sie, und das ist das Entscheidende, getrennt bearbeitbar werden. Die zeitliche und sachliche Trennung der "Einheit" schafft somit die Möglichkeit, sich fortan auf den Bereich des Transzendenten zu konzentrieren und ihn kommunikativ auszugestalten, was meint: die Invisibilisierung des eigentlichen Grundproblems auch sozial zu verankern. Ist nun im Rahmen der historischen Entwicklung ein Punkt erreicht, an dem diese Ausgestaltungen des Transzendenten nicht länger zu überzeugen vermögen, dann geraten nicht nur die historischen Bilder dieser Ausgestaltungen in Mißkredit, sondern die Transzendenz selbst gerät in die Situation, nicht mehr verortbar zu sein. Ins Blickfeld kommt, was zu verhindern die Aufgabe und Funktion der Invisibilisierungsstrategien war: Die Frage nach der "Einheit der Differenz von Immanenz und Transzendenz" (vgl. SA 4,253). Ins Blickfeld kommt, daß auch die Religion, wie alles und jedes Geschehen in der Welt, ihr Fundament nicht auszuweisen vermag, womit deren Funktion, gerade in Bezug auf jene oben behandelte Leerstelle kompensierend zu wirken, problematisch wird. Heißt das, daß die Religion endgültig ausgedient hat?

Die Antwort, die man im Kontext des Luhmannschen Denkens geben kann, wenn auch nicht muß, lautet: Nicht die Religion, wohl aber ihre Art und Weise, Fragen zu stellen und Antworten zu geben, hat ausgedient. Denn sind wir kognitiv bis zu jenem Punkt gleichsam vorgestoßen, an dem wir zu verstehen vermögen, "daß man nicht sehen kann, was man nicht sehen kann", dann gilt es eben diesen Tatbestand als konstitutives Moment *allen*, also auch des religiösen Beobachtens ernstzunehmen. Für die Religion bedeutet das, daß sie in einer neuen Weise sich dem Bildnisverbot des Alten Testaments zuzuwenden hätte. Es gälte für sie zu verstehen, daß der Terminus Gott oder jeder andere Begriff, mit dessen Hilfe das Transzendente (das Unbeobachtbare) zu benennen versucht wird, "differenzlos" gedacht werden muß. Anders ausgedrückt: Die Religion müßte, sollen Überlebenschancen in der modernen Gesellschaft für sie denkbar sein, sich aller historisch entstandenen Bilder entledigen, und sich davor hüten, neue Ausgestaltungen des Transzendenten vorzunehmen. Worum es also geht, das wäre, einen neuen Weg zu finden,

den Menschen das Unverfügbare als ein tatsächlich kognitiv Unverfügbares auch vorzustellen. Ist das möglich?

Um auf die gestellte Frage eine Antwort zumindest anzudeuten, mag es weiterhelfen, wenn wir uns noch einmal der traditionellen metaphysischen Unterscheidung zwischen Wesen und Erscheinung zuwenden und sie mit der von Luhmann als grundlegend angesehenen Unterscheidung zwischen Operation und Beobachtung konfrontieren. Eine solche Konfrontation läßt als erstes sehen, daß die Unterscheidung der Metaphysik trennt, was nicht zu trennen ist; was, präziser ausgedrückt, *so* nicht zu trennen ist. Sie stellt also in gewisser Weise den (gescheiterten) Versuch dar, die menschliche Unfähigkeit zu kompensieren, Identität und Nichtidentität in "einem Zuge" denken zu können. Indem sie die Identität der einen und die Nichtidentität, die Heterogenität, der anderen Seite zuordnet, kommen jene zuvor angesprochenen Probleme der Ausgestaltung der beiden Seiten in die Welt. In dem von Luhmann als grundlegend vorgestellten Konzept der Unterscheidung zwischen Operation und Beobachtung werden demgegenüber die beiden Momente Identität und Kontingenz in gewisser Weise zusammengezogen gedacht. Derart wird in ihm gleichsam an der Wurzel erfasst, daß uns keine andere Ebene als die der Operation, also der Kontingenz, zur kognitiven Verfügung steht. Alle Identitäten sind konstruierte Identitäten. Das ist das eine.

Das andere ist: Operation und Beobachtung müssen, wie behandelt, in einem Komplementaritätsverhältnis zu einander gedacht werden. "Weder", so Luhmann, "lassen sich die beiden Phänomene trennen, noch besteht ein Verhältnis der Kausalität in dem Sinne, daß die Operation Ursache und die Beobachtung deren Wirkung ist." (WG, 77) Daß also Identitäten generiert werden, ist nicht als ein willkürlicher Akt des Beobachtens, sondern als ein in die Operation Beobachtung immanent eingelassenes Moment zu denken. Wir müssen, damit weiter operiert werden kann, Identitäten konstruieren, an die dann angeschlossen werden kann, womit eine Welt, in der es Objekte und schließlich auch Subjekte gibt, (für uns) geschaffen wird. Daraus folgt: Was den Aufbau der von uns geschaffenen Welt anbetrifft, so hatten und haben wir - nach dem 'Sündenfall' - keinerlei Wahlmöglichkeiten. Wenn es bei Spencer Brown und auch bei Luhmann heißt: "die physische Welt schafft in der Welt einen physischen Physiker, um sich selbst beobachten zu können" (vgl. u.a. SA 4, 243), dann ist damit nicht nur auf jenes das Seiende charkterisierende Moment der Selbstreferentialität verwiesen, sondern angesprochen ist auch unser Eingelassensein in eine Struktur, der wir nicht zu entrinnen vermögen: Wir *müßen* beobachten, wir *müßen* unterscheiden-und-bezeichnen . Desweiteren gilt: Die von Luhmann gewählte Unterscheidung von Operation und Beobachtung macht deutlich, daß wir über das Unterscheiden zwar nicht hinauskommen, wir also trennen müßen; sie macht aber zugleich auch deutlich, daß das, was wir trennen, in einem von uns letztlich nicht zu verstehenden Sinne nicht getrennt werden darf. Hat man das verstanden, dann, so zumindest meine These, sollte es möglich sein, die metaphysische Frage neu, nämlich auf einem das ontologisierende Denken überschreitenden Abstraktionsniveau zu *stellen*. Dies ist, wie mir scheint, ein durchaus bedenkenswertes Ergebnis der Luhmannschen Überlegungen.

Vor dem Hintergrund des soeben Behandelten mag es von Interesse sein, zum Abschluß der hier vorgelegten Überlegungen auf eine Form der `Erkenntnis` hinzuweisen, die nichtkognitiver Natur ist, die aber, und das macht sie für unseren Kontext interessant, den paradoxen Charakter der Konstitution des letzten, das sich uns zeigen kann, auf ihre Weise gleichsam bestätigt. Bei der 'Erkenntnis', von der hier - in Parenthese - die Rede ist, handelt es sich im eigentliche Sinne um Erfahrungen, die Menschen unter bestimmten Gegebenheiten gemacht haben und von denen uns schriftliche Berichte vorliegen. Gemeint ist dasjenige, das im Rahmen der Zen-Meditation als 'Satori' (Erleuchtung) bezeichnet wird.[64] Was den konstitutiven Charakter des Satori-Erlebnisses anbetrifft, so gibt es, bei allen individuellen Differenzen, Übereinstimmungen, die bezogen auf unseren Überlegungszusammenhang als verblüffend zu bezeichnen sind. Betont wird beispielsweise durchgängig, daß die Struktur der (mit Unterscheidungen operierenden) Sprache nicht zulasse, das Erlebte auch nur annähernd angemessen zu beschreiben. Wie auch sollte die Erfahrung, daß sich ausschließende Gegensätzlichkeiten, wie beispielsweise absoluter Schrecken und höchste Glückseligkeit, "in einem Zuge" erlebt werden, sprachlich zu fassen sein? Wie kann das Erleben verdeutlicht werden, daß alle Unterscheidungen zusammenbrechen, also auch die zwischen Vergangenheit, Gegenwart und Zukunft? Wie ist zu vermitteln, daß das Erlebte als das Eröffnen einer neuen Dimension von Wissen erfahren wird, gleichzeitig das absolut Neue sich aber als ein schon immer Gewußtes darstellt? Bringt man nun diese Erfahrungen, die hier nur angedeutet werden können, in einen Zusammenhang mit spezifischen Aussagen Luhmanns, dann zeigen sich folgende Übereinstimmungen: Das Satori-Erlebnis bestätigt, wenn man so sagen darf, das Theorem 'Am Anfang ist die Differenz'. Denn das, was vor dem Differenzieren erfahrbar ist, ist ein bezogen auf unser 'normales' Dasein völlig Fremdes und im Grunde nicht Vermittelbares. Unsere Welt

---

[64] Vgl. zur Praxis des Zen u.a.: Philip Kapleau (Hg): Die drei Grundpfeiler des Zen, Bern/München 1984; D.T. Suzuki: Leben aus Zen, Frankfurt/M. 1982

Vgl. zur Philosophie des Zen u.a.: Ryosuke Ohashi (Hg): Die Philosophie der Kyoto-Schule, Freiburg/München 1990; Heinrich Dumoulin: Zen im 20. Jahrhundert, München 1990; Hans Waldenfels: Absolutes Nichts. Zur Grundlegung des Dialogs zwischen Buddhismus und Christentum, Freiburg/Basel/Wien 1990; Dieter Henrich (Hg): All-Einheit. Wege eines Gedankenes in Ost und West, Stuttgart 1985

fängt mit Unterscheidungen an, und insofern wir in diesem Unterscheidungshorizont gleichsam gefangen gehalten werden, sind uns unüberschreitbare Grenzen des Erkennens gesetzt. Daß diese Welt der Unterscheidungen nicht das Letzte ist, von dem wir auszugehen haben, kann denkend als "unmarked state" nur unterstellt werden, im Satori der Zen-Meditation kann es erfahren werden. Dasjenige, das im Satori erfahren wird, und das Luhmann gezwungen ist als "unmarked state" zu unterstellen, ist im Kontext des Zen als das "absolute Nichts" beziehungsweise als die "wahre Leere" verstanden. Dieses "absolute Nichts" darf, wie alle Zen-Philosophen zu verdeutlichen versuchen, in keiner Weise als der Gegenpol zum Sein verstanden werden. Es ist ein 'Etwas' (alle Worte können das Erlebte nicht treffen), das jenseits aller Unterscheidungen 'west'. Das absolute Nichts wird, so Waldenfels, "existentiell realisiert" und zwar dort, "wo es nicht mehr als ein Drittes jenseits von relativem Sein und Nichtsein in der Rückkehr zu ihnen, wie sie sind, erfahren wird." (1980, 97) In diesem Bereich hört das Bewußtsein auf, "Bewußtsein-von-etwas" zu sein (vgl. Isutzu 1984, 23). Anders ausgedrückt: Das Bewußtsein hört auf, objektivieren und das heißt: unterscheiden zu *müssen*.[65] Dann aber, also gleichsam befreit von dem

---

[65] Das Gemeinte kann an einem Gedicht des Zen-Meisters Seng Ts'an, das Isutzu zitiert, höchst anschaulich verdeutlicht werden:

> "Laß ab davon, der dualistischen Sicht verhaftet zu bleiben.
> Such' nicht nach den Dingen mit solchem Blick.
> Die geringste Spaltung des Bewußtseins reicht hin, es in äußerste Verwirrung zu stürzen.
> ...
>
> Wo es keine Tätigkeit eines unterscheidenden Geistes gibt,
> sind alle Dinge im Zustand ursprünglicher Unschuld.
> Im ursprünglichen Zustand der Unschuld existiert nicht das und das Ding.

Zwang, unterscheiden zu müssen, ist das Bewußtsein mit einer Welt konfrontiert, in der die Logik keine Gültigkeit mehr hat. Es ist eine Welt , die das 'unbefreite', unterscheidende Bewußtsein nur als paradox verorten kann.

Im Zen-Buddhismus wird dasjenige, das im Satori erfahren wird, als ein Hinweis auf die Struktur der `wahren` Welt verstanden. In sie wird der Mensch Eingang finden, wenn er aus der Welt des Scheins erlöst wird. Bei Luhmann ist der "unmarked state" als eine 'Gegebenheit' konzipiert, die zu unterstellen ist und die wir "verletzen". Wir verletzen den "unmarked state", indem wir Unterscheidungen in ihn implementieren, aus deren Vernetzungen ein 'Etwas', eine Welt entsteht, in der es Leben, Bewußtsein und Kommunikation gibt. Insofern dasjenige, das wir verletzen, uns nicht nur unbekannt ist, sondern auch konstitutiv unbekannt bleibt, gilt im letzten das biblische Diktum: '...denn sie wissen nicht, was sie tun.'

3. Fragen und Zweifel

Am Ende einer langen Zeit der Auseinandersetzung mit dem Denken Luhmanns, dessen Verlauf in der vorliegenden Abhandlung tendenziell dokumentiert ist, bleibt neben aller Bereicherung, die aus dieser Auseinandersetzung erwachsen ist,

---

Wenn der unterscheidende Geist nicht entspringt,
ist das Bewußtsein nicht mehr Bewußtsein.
Das Subjekt verschwindet, wenn das Objekt verschwindet,
das Objekt versinkt, wenn das Subjekt versinkt.
Die objektive Welt gibt es auf Grund des Subjekts,
das erkennende Subjekt gibt es auf Grund des Objekts.
Willst Du wissen, was Subjekt und Objekt sind?
Wisse, daß beide ursprünglich eine einzige Leere sind!"
(Sêng-Ts'an (?-606), zitiert in: Isutzu, T., 1984, 23)

doch auch ein Stück Ratlosigkeit bestehen. Diese Ratlosigkeit bezieht sich vor allem auf den folgenden Tatbestand: Unsere Kultur ist Reflex des ontologischen Denkens und wir alle, einschließlich Niklas Luhmann, denken als Alltagsmenschen ontologisch. So heißt es bei Luhmann denn auch: "Gegen ontologisierendes Beobachten ist im Prinzip nichts einzuwenden. Wir tun es jeden Tag, wenn wir etwas suchen und nicht finden. Ohne Löcher könnten wir weder Billard spielen noch Schweizer Käse erkennen." (SA 5, 19) Die diesem Denken immanenten Grenzen der Erkenntnis, die aus ihm folgenden Verdinglichungsstrategien einerseits und die in ihm implizierte Herrschaftsattitüde gegenüber dem Außen, also der Natur, andererseits, sind von Nietzsche über Heidegger bis zu Adorno und Derrida Gegenstand der Reflexion. Daß die Bewußtseinsphilosophie ausgedient habe, ist selbst die Meinung von Jürgen Habermas. Das Problem ist also nicht erst von Niklas Luhmann erkannt worden. Die Problemlösung allerdings, die er mit seiner Theorie selbstreferentieller autopoietischer Systeme vorschlägt, unterscheidet sich von allen zuvor angebotenen Lösungsstrategien. Der Gedanke der Nichtidentität wird hier am konsequentesten operationalisiert und - dies ist das Entscheidende - auf das Subjektverständnis ausgedehnt. Derart entsteht eine Theorie, in der, um es Luhmannesk auszudrücken, die Referenz auf das Subjekt durch die Referenz auf ein empirisch beobachtbares, operativ geschlossenes System ersetzt wird. Im Klartext heißt das: Will man die Theorie selbstreferentieller Systeme in einem emphatischen Sinne verstehen, muß man die alteuropäische Denkgeste 'Subjekt denkt Objekt' aufgeben. Die Notwendigkeit eines solchen Aufgebens läßt sich noch relativ leicht nachvollziehen, sie (nach)zu praktizieren, ist demgegenüber schon wesentlich schwieriger. Die dem 'Novizen' äußerst fremdartig anmutende Sprache Luhmanns legt Zeugnis davon ab, daß auch er den Weg, den es zu gehen gilt, nicht 'leichtfüßig' zu beschreiten vermag. Da in die Struktur unserer Sprache das Moment der Ontologisierung immanent eingelassen ist, bedarf es, um dieses Moment zu überwinden, sozusagen einer Kunstsprache - sie wird tendenziell von Luhmann kreiert. Auch dies ist natürlich kein singulares Phänomen. Man denke an die Sprache des späten Heideggers oder auch an den Versuch Adornos, den identifizierenden Charakter der Sprache über eine Vorgehensweise, die er Konstellation nennt, zu überwinden. Moderner und schlichter ist der Vorschlag von F.B. Simon. Er fordert bezogen auf das 'Ist', man solle "nicht nur die Substantive verbieten, sondern auch das Hilfsverb 'sein'" (vgl. Simon 1992, 86). Ob dieser Vorschlag allerdings besonders hilfreich ist, darf bezweifelt werden. Wie immer auch der Versuch aussieht, das verdinglichende Moment der Struktur unserer Sprache außer Kraft zu setzen, bei keinem der erwähnten Autoren wird das Subjekt in der Weise entmachtet wie bei Luhmann. Die Subjekt/Objekt-Unterscheidung, die man als "Leitdifferenz" wählen kann oder auch nicht, wird, weil in ihrem Rahmen nur eine "extrem strukturarme" Theorie aufgebaut werden kann, von Luhmann sozusagen abgewählt. Das kann man, wie man sieht, praktizieren. Es wird damit allerdings im Rahmen der Theoriekonstruktion eine Unterscheidung zu beseitigen versucht, die nach Gerhard Roth, wie im Vorangegangenen zitiert, "ontogenetisch überaus stark verfestigt" ist, und die, wie er meint, auch nicht durch Denken wieder zu beseitigen ist. Den Hiatus zwischen alltäglichem Denken einerseits und einem dem "Theoriedesign" angepaßten Denken andererseits zu überbrücken oder auch nur auszuhalten, dies verlangt die Theorie Luhmanns vom Rezipienten. Die großen Barrieren, die zu überwinden sind, um Luhmann mehr als nur oberflächlich zu verstehen, hängen mit eben jenem Hiatus zusammen. Die emphatische Aufnahme seines Denkens bei den einen und die ebenso emphatische Ablehnung, die es bei anderen erfährt, sind wohl dem Umstand geschuldet, ob und wie es dem einen oder anderen gelingt, gleichsam mit einem Sprung ins Leere bzw. in die Abstraktheit von System und Umwelt die Subjekt/Objekt-Unter-scheidung mit all ihren Konnotationen zu überwinden. Für mich, um es offen zu gestehen, ist dieser Sprung nur auf der Ebene möglich, die man alteuropäisch Metaebene nennt, also auf der Ebene des Nachdenkens über die Theorie als Theorie.

Die zentrale Frage, inwieweit sich der Denkmodus des Alltags von dem der Theoriebildung abkoppeln läßt, stellt sich auch im Hinblick auf die von Luhmann geforderte Überwindung des alteuropäischen kausallogischen Denkens. Geht man davon aus, daß sich unsere Erkenntnisstrukturen evolutionär entwickelt haben, geht man weiter davon aus, daß diese Entwicklung in der Auseinandersetzung des Menschen mit Natur grundgelegt ist, und daß diese Auseinandersetzung nicht auf der Ebene des Mikro- oder Makrokosmos, sondern auf der des Mesokosmos stattgefunden hat, dann ist das alteuropäische, identifizierende Denken nicht (nur) ein Sündenfall der Geschichte, sondern vielmehr der Reflex von Erfahrungen, mit denen das Gattungswesen Mensch im Rahmen der Evolution konfrontiert war. Unsere Denkstrukturen sind, so könnte gesagt werden, an den uns umgebenden Mesokosmos angepaßt. Auf der Ebene des Mesokosmos aber *ist* das Ding, was es ist, *gibt* es den Menschen und die Sachen, *gibt* es Kausalität. Anders ausgedrückt: Wenn der Sturm eine bestimmte Stärke erreicht, fällt der Apfel vom Baum, und wenn er meinen Kopf trifft, empfinde ich einen Schmerz. All dies würde Luhmann natürlich nicht bestreiten. Was er aber fordert, das ist, von dieser Kausa-litätslogik abzulassen, da sie nur eine Sichtweise der Welt darstellt und nicht die Sichtweise überhaupt. Kausallogisches Denken erbringt, so Luhmann, gerade dann, wenn es beispielsweise auf Gesellschaft angewendet wird, nur bescheidene analytische Ergebnisse, weshalb wir es mit einer komplexeren Struktur von Beobachtungen versuchen sollten. Und wie wir hinreichend zur Kenntnis genommen haben: Luhmann unternimmt diesen Versuch. Wie aber sieht dieser Versuch faktisch aus? Im Grunde bewegen sich alle Arbeiten Luhmanns, die ich kenne, überaus primär auf einer Ebene, die man alteuropäisch als metatheoretisch einordnen würde. Ob Luhmann sich des Ökologieproblems annimmt, das Verhältnis von Männern, Frauen und Spencer Brown ins Visier nimmt, oder die Moderne beobachtet, die Texte stellen primär Explikationen seines Denkens dar. Daß seine Arbeiten zum System Wissenschaft, zum System Recht oder welchem System auch immer, sozusagen beiläufig, auch neue Erkenntisse zu eben den Gegenständen, die explizit Thema sind, enthalten, ist natürlich unbestreitbar. Die Ebene der Abstraktion aber, auf der diese Erkenntnisse sozusagen dargeboten werden, nähren in mir den Verdacht, daß die Kluft, die zwischen dem besteht, was wir kognitiv strukturell können, und dem, was wir nach Luhmann kognitiv strukturell können müßten, tiefer ist als Luhmann meint. So gesehen steht am Ende dieses Nach-Denkens über Luhmann eine Frage. Sie lautet: Kann man können, was man nicht kann? Ähnlichkeiten zur Struktur des Paradoxen sind nicht zufällig, sondern gewollt. Zur "Entfaltung" sei die Lektüre der Orginaltexte Luhmanns empfohlen.

Abkürzung häufig zitierter Schriften von Niklas Luhmann:

BdM: Beobachtung der Moderne, Opladen 1992

EK: Erkenntnis als Konstruktion, Bern 1988

ÖK: Ökologische Kommunikation, Opladen 1986

WG: Wissenschaft der Gesellschaft, Frankfurt/M. 1990

SA 4: Soziologische Aufklärung 4, Opladen 1987

SA 5: Soziologische Aufklärung 5, Opladen 1990

SS: Soziale Systeme, Frankfurt/M. 1985

Literaturverzeichnis

Baecker, Dirk (Hg.) (1993): Kalkül der Form, Frankfurt/M.

Ders. (Hg.) (1993): Probleme der Form, Frankfurt/M.

Bardmann, Theodor M. (1994): Zirkularität als Standpunkt, in: Soziologische Revue, Jg. 17, Heft 3.

Bateson, G. (1984): Geist und Natur. Eine notwendige Einheit, Frankfurt/M.

Borsche, T. (1988): Wer spricht, wenn wir sprechen? Überlegungen zum Problem der Autorenschaft, in : Allgemeine Zeitschrift für Philosophie, Jg. 13, Heft 3

Breuer, S. (1987): Adorno, Luhmann. Konvergenzen und Divergenzen von Kritischer Theorie und Systemtheorie, in: Leviathan, Zeitschrift für Sozialwissenschaften, Jg. 15, Heft 1

Bühl, W.L. (1987): Grenzen der Autopoiesis, in: Kölner Zeitschrift für Soziologie und Sozialpsychologie, Jg. 39, Heft 2.

Cheruti, M. (1991): Der Mythos der Allwissenheit und das Auge des Betrachters, in: Watzlawick, P./Krieg, P. (Hg.): Das Auge des Betrachters, Beiträge zum Konstruktivismus, München

Derrida, J. (1985): Die Schrift und die Differenz, Frankfurt/M.

Dumoulin, H. (1990): Zen im 20. Jahrhundert, München

Foerster v., H. (1985): Sicht und Einsicht, Versuche zu einer operativen Erkenntnistheorie, Braunschweig/Wiesbaden

Fuchs, P. (1992): Niklas Luhmann - beobachtet. Eine Einführung in die Systemtheorie, Opladen

Geyer, P./Hagenbüchle, R. (Hg.) (1992): Das Paradox. Eine Herausforderung des abendländischen Denkens, Tübingen

Glasersfeld v., E. (1991): Abschied von der Objektivität, in: Watzlawick, P./Krieg, P. (Hg.): Das Auge des Betrachters, München

Gripp, H. (1986): Theodor W. Adorno - Erkenntnisdimensionen negativer Dialektik, Paderborn u.a.

Gripp-Hagelstange, H. (1988): Das Revolutionäre der evolutionären Erkenntnistheorie, in: Universitas, Jg. 43, Heft 7

Dies. (1989): Niklas Luhmann - oder: Was ist ein "differenztheoretischer" Ansatz?, in: Duisburger Beiträge zur soziologischen Forschung, No.4

Dies. (1991): Vom Sein zur Selbstreferentialität, in: Deutsche Zeitschrift für Philosophie, Jg. 39, Heft 1

Gumbrecht, H.U./Pfeiffer, K.L. (Hg.) (1991): Paradoxien, Dissonanzen, Zusammenbrüche, Frankfurt/M.

Günther, G. (1965): Das Problem einer transklassischen Logik, in: Sprache im technischen Zeitalter, Heft 16

Ders. (1976): Beiträge zur Grundlegung einer operationsfähigen Dialektik Bd.1, Hamburg

Habermas, J./Luhmann, N. (1971): Theorie der Gesellschaft oder Sozialtechnologie, Frankfurt/M.

Heidegger, M. (1981): Sein und Zeit, Tübingen

Ders. (1986): Identität und Differenz, Pfullingen

Heisenberg, W. (1959): Physik und Philosophie, Frankfurt/Berlin/Wien

Husserl, E. (1985): Die phänomenologiesche Methode, ausgewählte Texte I, hrsg. mit einer Einführung von K. Held, Stuttgart

Ders. (1986): Phänomenologie der Lebenswelt, ausgewählte Texte II, hrsg. mit einer Einführung von K. Held, Stuttgart

Izutsu, T. (1984): Die Entdinglichung und Wiederverdinglichung der "Dinge" im Zen-Buddhismus, in: Nitta, Y. (Hg.) (1984): Japanische Beiträge zur Phänomenologie, Freiburg/München

Kapleau, Ph. (1984): Die drei Pfeiler des Zen, Bern/München

Kneer, G./Nassehi, A. (1993): Niklas Luhmanns Theorie sozialer Systeme. Eine Einführung, Paderborn u.a.

Krüll, M./ Luhmann, N./ Maturana, H. (1987): Grundkonzepte der Theorie autopoietischer Systeme. Neun Fragen an Niklas Luhmann und Humberto Maturana, in: Zeitschrift für systemische Therapie, 5 (1)

Kryszof, M. et al. (1981): Offene Systeme II. Logik und Zeit. Stuttgart

Lipp, W. (1987): Autopoiesis Biologisch, Autopoiesis Soziologisch. Wohin führt Luhmanns Paradigmawechsel? in: Kölner Zeitschrift für Soziologie und Sozialpsychologie, Jg. 39, Heft 3

Luhmann, N. (1975): Soziologische Aufklärung 2, Opladen

Ders. (1977): Interpenetration - Zum Verhältnis personaler und sozialer Systeme, in: Zeitschrift für Soziologie, Jg. 6, Heft 1

Ders. (1981): Soziologische Aufklärung 3, Opladen

Ders. (1982): Autopoiesis, Handlung und kommunikative Verständigung, in: Zeitschrift für Soziologie, Jg. 11, Heft 4

Ders. (1985a): Die Autopoiesis des Bewußtseins, in: Soziale Welt, Jg.36, Heft 4

Ders. (1985b): Soziale Systeme. Grundriß einer allgemeinen Theorie, Frankfurt/M.

Ders. (1985c): Die Soziologie und der Mensch, in: Neue Sammlung, Jg. 25, Heft 1

Ders. (1986a): Ökologische Kommunikation. Kann die Gesellschaft sich auf ökologische Gefährdungen einstellen?, Opladen

Ders. (1986b): Intersubjektivität oder Kommunikation: Unterschiedliche Ausgangspunkte soziologischer Theoriebildung, in: Archivio di Filosophia 54

Ders. (1987a): Autopoiesis als soziologischer Begriff, in: Haferkamp, H./ Schmid, M. (Hg.): Sinn, Kommunikation und soziale Differenzierung, Frankfurt/M.

Ders. (1987b): Die Richtigkeit soziologischer Theorie, in: Merkur, Jg. 41, Heft 41

Ders. (1987c): Soziologische Aufklärung 4, Opladen

Ders. (1987d): Tautologie und Paradoxie in den Selbstbeschreibungen der modernen Gesellschaft, in: Zeitschrift für Soziologie, Jg. 16, Heft 3

Ders. (1988a): Neuere Entwicklungen in der Systemtheorie, in: Merkur, Jg. 42, Heft 4

Ders. (1988b): Erkenntnis als Konstruktion, Bern

Ders. (1988c): Frauen, Männer und George Spencer Brown, in: Zeitschrift für Soziologie, Jg. 17, Heft 1

Ders. (1990a): Über Systemtheoretische Grundlagen der Gesellschaft, in: Deutsche Zeitschrift für Philosophie, Jg.38, Heft 3

Ders. (1990b): Soziologische Aufklärung 5. Konstruktivistische Perspektiven, Opladen

Ders. (1990c): Die Wissenschaft der Gesellschaft, Frankfurt/M.

Ders. (1991a): Soziologie des Risikos, Berlin

Ders. (1991b): Am Ende der kritischen Soziologie, in: Zeitschrift für Soziologie, Jg. 20, Heft 2

Ders. (1991c): Sthenographie und Euryalistik, in: Gumbrecht, H.U./ Pfeiffer, K.L. (Hg.): Paradoxien, Dissonanzen, Zusammenbrüche, Frankfurt/M.

Ders. (1991d): "Ich denke primär historisch." Religionssoziologische Perspektiven. Ein Gespräch mit Fragen von Detlef Pollack

(Leipzig), in: Deutsche Zeitschrift für Philosophie, Jg. 39, Heft 9

Ders. (1992): Beobachtungen der Moderne, Opladen

Ders. (1993a): "Was ist der Fall" und "was steckt dahinter?" Die zwei Soziologien und die Gesellschaftstheorie, Bielefelder Universitätsgespräche und Vorträge 3, Bielefeld

Ders. (1993b): Die Paradoxie der Form, in: Baecker, D. (Hg.): Kalkül der Form, Frankfurt/M.

Ders. (1993c): Zeichen als Form, in: Baecker, D. (Hg.): Probleme der Form, Frankfurt/M.

Maturana, H.R. (1982): Erkennen: Die Organisation und Verkörperung von Wirklichkeit, Braunschweig/Wiesbaden

Maturana, H.R./Varela, F.J. (1987): Der Baum der Erkenntnis, Bern/ München/Wien

Nitta, Y. (Hg.) (1984): Japanische Beiträge zu Phänomenologie, Freiburg/München

Ohashi, R. (Hg.) (1990): Die Philosophie der Kyoto-Schule, Freiburg/ München

Picht, G. (1981): Zur Einführung, in: Kryszof, M. et al.: Offene Systeme II. Logik und Zeit, Stuttgart

Pfütze, H. (1988): Theorie ohne Bewußtsein, in: Merkur, Jg. 42, Heft 4

Riegas, V./Vetter, Ch. (1993): Zur Biologie der Kognition. Ein Gespräch mit Humberto Maturana und Beiträge zur Diskussion seines Werkes, Frankfurt/M.

Roth, G. (1983): Selbstreferentialität und Dialektik. Zur Ontologie und Epistemologie lebender Systeme, in: International Association for the Study of Dialectical Philosophie: Annalen der Internationalen Gesellschaft für Dialektische Philosophie - Societas Hegeliana, Köln

Schmidt, S. (1991): Der Diskurs des Radikalen Konstruktivismus, Frankfurt/M.

Segal, L. (1986): Das 18. Kamel oder Die Welt als Erfindung. Zum Konstruktivismus Heinz von Foersters, München/Zürich

Simon, F.B. (1992): Paradoxien in der Psychologie, in: Geyer, P./ Hagenbüchle, R. (Hg.): Das Paradox. Eine Herausforderung des abendländischen Denkens, Tübingen

Spencer Brown, G. (1972): Laws of Form, New York

Suzuki, D.T. (1982): Leben aus Zen, Frankfurt/M.

Varela, F. (1989): Der kreative Zirkel. Skizzen zur Naturgeschichte der Rückbezüglichkeit, in: Schaeffer, M./Bachmann, A. (Hg.): Neues Bewußtsein - neues Leben, München

Waldenfels, H. (1990): Absolutes Nichts. Zur Grundlegung des Dialogs zwischen Buddhismus und Christentum, Freiburg/Basel/ Wien

Watzlawick, P./Krieg, P. (Hg.) (1991): Das Auge des Betrachters. Beiträge zum Konstruktivismus, München

Namenregister